가짜
생각이

불안이
되지 않게

가짜
생각이

불안으로부터 나를 지키는 자기 초월의 힘

불안이
되지 않게

유덕권 지음

시크릿하우스

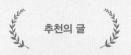

추천의 글

조금 놀랐다. 이 친구 많이 힘들었구나. 몰랐다. 저자와 나는 대학에서 함께 예술혼을 불태운 동기이다. 밝았던 그의 가면 뒤에 강력한 두려움이 있었다. 끊임없이 자신과 싸우고 있었다. 많은 생채기를 봤다. 아픈 만큼 성숙해진다고 했던가. 이 책은 우울하거나 불안한 사람들, 심적으로 힘든 상태에 있는 사람들에게 위로만을 주고 끝나지 않는다. 저자의 숨기고 싶을 법한 솔직한 생각과 경험, 극복 노하우가 총망라된 실전서이다.

나는 영화감독을 꿈꿨지만, 현실은 녹록지 않았다. 현실과 타협하고 직장인이 되었다. 하지만 꿈을 위해 직장을 그만두고 영화판에 뛰어들었다. 로맨틱해 보이는 이 과정에서 많은 고통이 따랐다. 지금은 내가 원하는 일을 하고 있어서 행복하다. 자기 초월에 따른 보상이다. 이 책은 자신을 초월할 수 있는 방법까지 담고 있다. 남녀노소를 막론하고 진짜 자신으로 살아가고자 하는 모든 이에게 《가짜 생각이 불안이 되지 않게》를 적극 추천한다.

김용훈(영화감독, 〈마스크걸〉 연출)

추천의 글

고등학교 시절, 유덕권 선생님은 아주 친절하고 편안한 분위기를
느끼게 해주는 선생님이었다.
언제나 맑게 웃고 계시던 선생님의 이야기들을 읽고 많이 놀랐다.
선생님도 본인만의 시간을 찾아가고 계셨다.
그 과정에서 느낀 많은 것들을 나누기에는 쉽지 않은 일이다.
스스로를 드러내며 이름 모를 누군가에게 용기를 건네는 따뜻함
이 느껴졌다.
솔직한 나 자신을 마주하고 스스로를 좋은 방향으로 이끄는 것은
평생을 거쳐야 하는 아주 어려운 일이다.
각자의 성장 과정을 거치며 어려움이 느껴지고 헛갈리는 순간들
이 찾아올 때 책에 담겨있는 방법들을 가지고 있다가 가끔이라도
활용해 본다면 좋을 것 같다.

이 책을 펼치는 누군가가 더 평온하고 사랑스러운 하루하루를 맞
이하길 바라며.

김유정(배우)

우리는 우울하려고 태어나지 않았다

이 책에는 특별함이 담겨있다. 세상을 살아가는 것이 불안하고 두렵다면, 우울하고, 수치스럽고, 자주 화가 난다면 이 책은 당신에게 큰 도움이 될 것이다. 의사의 눈이 아닌, 환자의 눈으로 바라본 세상을 담았다. 사회 불안증 환자가 쓴 책은 흔치 않다. 그들은 사회적 평판을 중시하기 때문에 자신에게 문제가 있다는 것을 남들에게 알리지 않는다. 심지어 가족도 발병 사실을 모르는 경우가 많다. 그래서 의사나 연구자들, 상담사가 이론이나 사례를 들어 쓴 책은 많지만 사회 불안증 환자였던 나 같은 사람이 사회 불안증에 관한 책을 쓰는 일이 드문 것이다. 과거에 있었던 일을 솔직하게 썼다. 그 과정이 알몸을 드러내는 것 같았지만 세상이 부여한 소명이라 여기고 기쁜 마음으로 공개한다.

내가 이 책을 쓰는 이유는 크게 두 가지다. 하나는 사회 불안이 심한 사람들에게 나의 경험을 통하여 직접적인 도움과 용기를 주기 위함이고, 또 하나는 우울증과 불안장애에 매우 효과적인 인지행동 치료와 마음챙김 명상을 세상에 더 널리 알리기 위함이다. 두려움으로 삶이 힘든 사람들을 위해 이 책을 썼다. 18년간 먹던 약을 끊은 노하우를 담았다. 당신이 두려움을 극복하고 싶다면 이 책을 끝까지 읽기 바란다.

나는 22년간 사회 불안증을 앓았다. 과거에는 사회공포증이라고 불렸다. 사회 불안증이란 사회적인 수행 상황에서 사람들의 부정적 평가를 두려워하는 정신병이다. 그래서 타인과 만나 어울리고 싶지만 스스로 사회에서 격리되는 것을 선택한다. 대인공포증, 대인기피증, 무대공포증, 발표공포증 모두 이 범주에 속한다.

누구나 살면서 사회 불안을 경험한다. 다른 사람들과 있으면 어느 정도 불안이나 긴장을 느낀다. 새로운 회사에 면접 보러 갈 때, 소개팅에 나갈 때, 직장 상사와 함께 있을 때, 낯선 모임에 갔을 때, 술자리에서 건배 제의를 할 때, 특히 발표하는 경우 사회 불안은 흔히 나타나며, 잠시 불안하다가 시간이 지나면 금방 아무것도 아닌 일처럼 사라진다.

하지만 나의 사회 불안은 정도를 넘어섰다. 발표하기 며칠 전, 심하면 한 달 전부터 발표만 생각하면 걱정을 넘어서서 극도의 불안감과 고통스러움을 느꼈다. 심장이 뛰기 시작하고, 식은땀이 나며 몸이 파르르 떨려왔다. 극심한 공포감이 엄습했다. 피할 수 있는 발표라면 무조건 피하려고 했지만 어쩔 수 없이 해야 하는 발표라면 발표하는 내내 발표 내용에 집중하지 못하고 불안한 모습을 들키지 않기 위해 전력을 기울였다. 내가 불안해하면 사람들이 나를 이상하게 볼 것이라 생각했다. 오로지 다른 사람이 나를 어떻게 평가할지 평판에 대해서만 모든 신경을 쏟았다. 발표하는 초반에는 언제나 공황처럼 호흡이 턱하고 막힌다. 쓰러질 것처럼 어지러우며 뜨거운 기운이 가슴부터 정수리까지 치고 올라온다. 온몸이 뜨거워지면서 식은땀이 나고 당황하기 시작한다. 매번 똑같다. 발표가 끝나면 사람들이 나에 대해 어떤 평가를 하던, 스스로 겁쟁이처럼 발표했다고 정신적으로 학대한다. 이게 바로 사회 불안증이다.

많은 학생이 사회공포증까지는 아니더라도 사회 불안이나 우울증으로 힘들어한다. 자해를 한 학생들은 대부분 우울증을 앓고 있고 항우울제를 복용하기도 한다. 약을 먹는 학생들에게 꼭 물어보는 것이 있다. "인지행동치료를 받아본 적 있니?" 백이면 백, 인지행동치료를 받아본 학생은 아직 단 한 명도 없었다. 심지어 인지행동치료가 무엇인지 안다고 대답한 학생도 없었다. 정신과 의사들은 약을 처방한다. 의사들도 인지행동치료가 중요하다는 것을 알고 있다. 그러나 인지행동치료는 손이 많이 간다. 환자는 많다. 치료자와 환자가 오랜 시간 마주 앉아서 상담하고 훈련해야 하기에 병원에서는 여러모로 인지행동치료를 꺼리는 것이 당연한 일인지도 모른다.
약은 눈에 보이는 현재의 증상을 잠시 가라앉혀 주지만 문제의 근원을 고치지 못하기 때문에 완전한 치료가 힘들다. 끊기 어려워 평생 약에 의지하며 살아가게 된다. 어떤 이는 술을 먹는 것이 유일한 해결 방법이라고 생각한다. 부정적 감정을 만드는 주된 원인인 왜곡된 생각은 가만히 두면 평생 바뀌지 않는다. 오히려 시간이 지날수록 더욱 확고해진다. 증상이 미미하다면 약에 기대를 걸어볼 수도 있겠지만 심하다면 효과는 일시적이다. 잠시 기분이 나아졌다가 약 효과가 떨어지면 다시 우울해진다. 그래서 우울증, 불안증의 근원을 치료할 수 있는 인지행동치료를 알아야 한다.

인지행동치료란 성장 과정에서 만들어진 왜곡된 사고를 사실에 가까운 생각으로 수정하여 정상적인 반응과 행동을 할 수 있게 만들어주는 행동치료 프로그램이다. 우울증을 치료하기 위해 개발되었으나 사회 불안증 환자들에게도 효과가 좋아 함께 사용되고 있다. 심리치료 중 가장 안정적이고 효과가 검증된 탁월한 치료 방법이다. 어렵지도 않다.

생각의 오류가 없는 사람은 없다. 다만 우울증이나 사회 불안증이 심한 사람들은 더 많은 왜곡된 사고가 있으며, 자기 생각을 절대적인 사실이라고 믿는다. 그러나 이것은 사실이 아닌 생각이다. 왜곡된 자동적 사고는 가짜 생각이다. 당신을 우울하고, 불안하고, 분노하게 만드는 생각은 대부분 가짜 생각이라고 접근해 보자. 인지행동치료를 하면 가짜 생각에 균열이 생긴다. '내 생각에 오류가 있을 수도 있겠는데?' 이것을 받아들이기 시작하면서 인생의 많은 변화가 만들어지기 시작한다. 새롭게 장착된 합리적인 사고를 꾸준히 삶에 적용하면서 세상을 보는 눈이 달라진다.

나는 희망이 없었다. 죽을 때까지 두려움에서 벗어나지 못할 것이라고 확신하며 살았다. 하지만 인지행동치료와 마음챙김 명상, 마인드 세팅법을 배우고 연습하면서 생각이 바뀌었다.

'완치된 사례는 많아. 나만 죽을 때까지 이 상태일 거라고? 내가 적극적으로 왜곡된 사고를 수정하고 삶에 적용하면 난 분명 나아질 거야.'

생각 바꾸기 작업을 통해 왜곡된 생각이 사실적인 방향으로 전환됐다. '죽을 때까지 변함없을 거야'라는 생각에는 증거가 없다. 하지만 내가 달라질 수 있다는 것에는 많은 성공 사례가 있다.

과거의 나는 자신을 쓸모없는 사람이라고 생각했다. 겁쟁이였다. 나이를 먹을수록 자기혐오에 시달렸다. 그러나 나아지리라는 생각은 삶에 기대와 활력을 주었다. '나 분명 나아져'라는 합리적인 사고를 만들어 내는 과정을 당신은 지금 전혀 이해 못 할 수도 있다. 괜찮다. 나의 이야기를 따라오면 어느새 당신도 생각 바꾸기의 전문가가 되어 있을 것이다. 새로운 생각을 믿기까지는 분명 시간이 걸린다. 하지만 생각을 수정해가면서 스스로 생각의 오류를 알게 되고 수정하고 증명하다 보면 어느새 확신으로 변한다. 우리는 우울하려고 태어나지 않았다. 이 세상을 경험하고 즐기기 위해 태어났다. 잡초는 뿌리까지 뽑아야 다시 자라지 않는다. 많은 이들이 약과 술로 눈에 보이는 부분만 잘라내고 있는 현실이 너무 속상하다.

이 책을 통해 나처럼 불안장애나 우울증으로 고통받는 사람들이 더 건강하고, 더욱 행복해지길 바란다. 모두가 행복하면 좋겠다. 우리 가족, 직장 동료, 이웃이 불행한데 나 혼자 웃고 있기란 쉽지 않다. 아이를 키워본 부모는 알겠지만, 아이가 계속해서 떼를 쓰고 1시간가량을 울면 집안 모든 식구가 기진맥진해진다. 우린 서로에게 큰 영향을 받는다. 내 주변 사람이 행복할수록 내가 행복해질 가능성이 커진다. 걱정 많은 사람들은 행복할 수가 없다. 당신을 도우라고, 그러기 위해 나에게 사회 불안증이 찾아왔는지도 모른다. 환자로서 내가 직접 겪은 일들, 극복하기 위해서 터득한 나름의 노하우가 담긴 이 책이 걱정이 많은 당신, 우울증이 있는 당신, 사회 불안이 심한 당신, 대인공포, 무대 공포, 사회공포증, 특정 공포, 공황장애가 있는 당신에게 매우 커다란 도움이 될 것이라 확신한다. 함께 가자!

2024년의 시작, 용기를 전하며
용기맨 유덕권

가짜
생각이
불안이 |차례|
되지 않게

1장
불안의 원인을 뿌리 뽑고 싶었다

2장
1단계, 무의식 세팅하기

3장
2단계, 불안과 우울을 없애는 생각 바꾸기

1. 부정적인 미래 예측 바꾸기

2. 부정적인 신념 바꾸기

4장
3단계, 불안을 잠재우는 실전 방법

5장
4단계, 마음 챙기기

1장

불안의 원인을
뿌리 뽑고 싶었다

나에게 나타나는 증상들

서울 ○○초등학교 교사가 교내에서 극단적인 선택을 했다. 발령을 받은 지 2년밖에 안 된 새내기 교사였다. 이 글을 쓰는 현재까지 사안이 정확히 밝혀지지는 않았으나 유족들은 학부모의 폭언과 과중한 업무에 시달렸다고 주장했고, 경찰은 수사에 착수한다고 밝혔다. '얼마나 우울하고 힘들었으면 그랬을까?' 나는 그 마음이 충분히 이해됐다. 나 역시 두려움이 많고 우울한 사람이었기 때문이다.

나는 예술고등학교 교사다. 많은 업무를 담당하고 있지만, 전공생을 지도하다 보니 학부모와의 갈등은 크지 않은 편이다. 선생님이나 학생과의 갈등도 크지 않았다. 그런데도 학부모가 두려웠고, 학생이 두려웠고, 선생님이 두려웠다. 모든 존재가 나에게 커다란 두려움의 대상이었다.

오전 10시, 교무실. 따르릉, 따르릉. 요란하게 울리는 전화벨 소리에 깜짝 놀랐다. 쿵쾅쿵쾅. 심장이 쿵쾅댔다. '누굴까? 나를 찾지 않았으면 좋겠다.' 왜 별것 아닌 전화벨 소리에 심장이 쪼그라드는 걸까? '분명 불만 가득한 학부모일 거야.' 나는 그동안 스스로 좋은 교사라고 여겨왔다. 딱히 학생에게 해가 될 일은 하지도 않았고 학생들의 마음을 잘 이해하고 공감해 주며 공정하게 대하려 최선을 다했다. 전화벨이 울리기 전, 학생과 갈등이 있었던 것도 아니었다. 불만 가득한 학부모가 전화할 가능성은 희박했다.

'아니면 선생님일까? 내가 뭔가 일 처리를 잘못했나? 오전에 올린 결재에 오류가 있는 건가?' 내가 있는 교무실은 세 명의 선생님이 함께 생활했다. 전화가 온다면 나일 확률은 3분의 1이었다. 반대로 말하면 내가 아닐 확률은 3분의 2였다. 하지만 그 전화가 왠지 나에게 걸려 온 전화일 것 같았다. '뭔가 문제가 생겼으면 어쩌지?' 전화를 받았다. 많은 생각을 한 것 같지만 전화벨은 겨우 두 번 울렸다. "유덕권 선생. 나 교장인데, 내 방으로 와요."

전화를 끊고 교장실로 걸어갔다. '무슨 일이지? 교장 선생님 목소리가 어두웠어. 왜 용건도 말해주지 않고 전화를 끊었지? 화가 난 것 같은데…' 심장이 더 빠르게 뛰기 시작했다. 교장실 문 앞에 도착했다. 호흡이 가빠왔다. 똑똑. 노크를 했다. "어, 유 선생, 들어와 앉아요." 교장 선생님의 눈을 똑바로 바라보지 못하고 시선이 방황하기 시작했다. "이번에 명동예술극장에서 하는 공연을 보고 왔는데 괜찮아서 단체관람 추천 좀 하고 싶은데 어때요? 괜찮아요?" "네. 그럼요. 교장 선생님. 괜찮습니다. 추진해보겠습니다." 교장실

밖으로 나오면서 놀란 가슴을 쓸어내렸다. '다행이다.'

요동치던 심장은 온데간데없이 고요했다. 안도감과 동시에 이런 내가 한심스러웠다. 루저 같았다. 왜 일어나지도 않은 일을 먼저 걱정하고 이토록 두려워할까? 전화벨은 하루에도 수십 번씩 울린다. 그때마다 혼자만의 망상에 사로잡혀 이런 생각들을 하고 있었다. 내 삶이 어떨 것 같은가? 그리고 과연 전화뿐이겠는가?

다음 날 아침. 출근 전부터 심장이 뛰기 시작했다. 약 먹는 것을 깜빡했다. 약의 효과는 보통 30분 후부터 나타난다. 일주일에 한 번씩 교무실에 전 교사가 모여 교직원 회의를 한다. 부서 업무에 대한 진행 상황이나 선생님들이 알아야 할 사항을 전달하는 자리다. 모든 선생님이 모였다. "교무부에서 전달합니다. 이번 주부터 시험 문제 출제 기간입니다. 학생들이 교무실에 들어오지 못하도록 통제…" 당시 나는 공연콘텐츠과의 유일한 연기 전공 교사로서 어린 나이에 본의 아니게 대표 역할을 하고 있었다. 교무부장님이 뭐라고 말씀하시던 내 귀에는 들어오지 않았다. 왜냐면 잠시 후 내가 일어나서 모두에게 다음 주에 가게 될 단체공연 관람에 대해서 전달해야 하기 때문이었다. '말을 잘해야 할 텐데.' 쿵쾅쿵쾅. 심장이 더욱 두근거렸다. "학생부장입니다. 애들 교복이 엉망이에요. 담임 선생님들이…" 쿵쾅쿵쾅. '버벅대거나 멍청해 보이면 어쩌지?' "안녕하세요. 연구부장입니다. 연수 공문이 하나 내려왔는데…" 쿵쾅쿵쾅. 내 차례가 가까워질수록 심장 소리가 커졌다. 커진 심장 소리가 옆에 있는 선생님에게 들릴 것 같았다. 정말 들릴 것 같았다. 왜냐면 내 귀에는 심장 뛰는 소리가 들렸기 때문이다. "안녕하세요. 패션디자인과 부장입니다. 이번 주 금요일에…."

다음 차례다. 쿵쾅쿵쾅. 헉헉. 호흡이 거칠어지면서 폐에 숨이 잘 안 들어갔다. 가슴이 쪼그라든 느낌이었다. '아, 분명 떨 거야.' 어김없이 손과 발이 떨리기 시작했다. 동시에 몸이 뜨거워지면서 열이 났다. '미치겠다. 어떡하지? 도망가고 싶다.' 내 차례다. '떨면 안 돼. 떨면 날 이상하게 생각할 거야. 나를 무능력하게 볼 거야.'

"안녕하세요…. 유덕권입니다…." 손이 심하게 떨린다고 느껴졌다. 손이 떨리지 않게 하려고 손에 힘을 줬다. '다들 날 보고 있어. 목소리가 떨릴 것 같아. 떨면 절대 안 돼.' "이번 주 목요일에… 공연과 전체 학생들을 데리고 명동예술극장에 갑니다." '더 떨릴 것 같은데… 숨이 차다. 호흡이 가빠지고 있어. 내 호흡이 가빠진 걸 이상하게 생각할 거야.' 목소리가 떨리지 못하도록 더욱 목에 힘을 줬다. 온몸에 찌릿찌릿 전기가 오는 느낌이 들었다. 머릿속이 하얘졌다. 빨리 끝내고 싶었다. 시간이 지날수록 떨림이 더 심해졌다. "……수업에 협조 부탁드립니다. 감사합니다." 당황하듯 급히 마무리했다. 발표가 끝났음에도 눈을 어디에 둬야 할지 모르겠고 손과 발은 여전히 저렸다. '최대한 자연스러워 보여야 해. 내가 이상한 걸 들키지 않게.' 1분 정도 지나자 거세던 태풍은 사라졌다. 아무 일도 없다는 듯 평온해졌다. 그리곤 자괴감에 빠져들었다.

이런 나날들이 매일 같이 반복됐다. 건강을 자부했던 신체도 반복되는 걱정과 함께 망가져 갔다. 신경은 더욱 쇠약해졌고 심한 기침이 올라왔다. 기침할 때마다 가슴에서 덜그럭거리는 느낌이 들었다. 뭔가 심상치 않았다. 병원에 갔다. 2014년 폐렴 판정을 받았다. 의사 선생님은 젊은 사람에게 온 폐렴은 상당히 위험하다고 했다. 그간 많은 스트레스를 받아서 면역력이 떨어진 것 같다고 말씀하셨고 충분한 휴식과 안정이 필요하다고 했다. 태어나서 처음으로 병원이란 곳에 입원했다. 1~2주면 된다고 했는데 폐에서는 가래가 계속 만들어졌다. 오랜만에 쉬는 시간이었지만 얼마 지나지 않아 퇴원하고 싶어졌다. 퇴원하고 싶다고 말씀드렸지만, 아직 완치된 것이 아니니 의사 선생님은 병원에 좀 더 있기를 희망하셨다. 며칠 뒤, 어느 정도 호전되었으니 퇴원하되 찬 공기를 마시지 말고 휴식을 취하며 관리를 잘하라고 하셨다. 그렇게 입원한 지 3주 뒤에 퇴원했다. 하지만 며칠 뒤 폐렴은 재발했다. 관리를 잘했다고 생각했는데 가슴에서는 다시 덜그럭거리는 소리가 들려왔다. 한 달간 병원에 재입원을 했다.

사람마다 차이는 있지만 사회 불안증이 있는 이들은 두려움으로 인해 세상에서 고립되는 경우가 많다. 그렇다 보니 안타깝게도 우울증이 함께 따라다닌다. 무력함과 스트레스 상태가 지속되면서 우울증이 깊어진다. 통계상으로는 사회 불안증 환자의 3분의 1 정도가 우울증이 있다. 우울은 사람을 서서히 죽인다. 나 역시 우울증이 함께 있었고 항우울제를 복용했다. 만병의 근원은 스트레스라는 말이 있다. 우울증이 있는 사람은 극도의 스트레스 상태에 놓여 있다. 만성적으로 스트레스가 지속되면 아드레날린, 코르티솔과 같은 호르몬이 계속 분비된다. 이에 따라 면역력이 떨어지면서 각종 바이러스나 세균, 심지어 암세포에 취약한 몸 상태가 된다. 우울함이 주는 무기력함이나 스트레스는 우리의 정신과 신체를 서서히 죽인다.

스웨덴 예테보리대학 의대 심장전문의 아니카 로센그렌 교수 연구팀이 소득수준 하위권, 중위권, 상위권 총 21개국 11만 8,706명을 대상으로 2021년 3월까지 10년간 조사한 종합 분석 결과를 발표했다. 심한 스트레스 집단의 심근경색 발생률은 24%, 뇌졸중 발생률은 30%나 높았다. 건강했던 내가 폐렴으로 두 달간 병원에 입원했던 것도 스트레스의 영향이 매우 컸을 것으로 예상된다.

나는 걱정이 너무 많았고, 평가에 굉장히 예민했으며, 사람이 두려웠다. 사람을 만날 때면 좋은 사람으로 보이기 위해 부단히 노력했다. 내 치부가 드러날까 항상 노심초사하며 조심조심 살아왔다. 그래서 스트레스를 많이 받는다. 당신도 나처럼 걱정이 많을 것이다. 사람이 두려운가? 평판을 극도로 중시하는가? 인간관계에서 어려움을 느끼는가? 우리가 받은 정신적 스트레스는 정신에만 국한되지 않는다. 면역력을 떨어뜨려 신체의 균형을 무너뜨리고 병으로 발전한다. 나의 폐렴, 높아진 심근경색과 뇌졸중 발생률, 젊은 교사의 안타까운 죽음까지. 불안증과 우울증은 사람을 죽음으로 몰아갈 정도의 위험성을 갖고 있다.

나처럼 포기하지 않았으면 좋겠어

〜〜〜〜〜〜 2007년 6월 26일. 대학로에서 댄스뮤지컬 〈오디션〉의 첫 공연이 올라갔다. 지금은 유명해진 영화배우 이제훈과 한 무대에 서 있었다. 내가 기억하기로 제훈이는 당시에 연기를 시작한 지 얼마 안 된, 풋풋하면서도 귀엽고 잘생긴 청년이었다. 댄스뮤지컬인 만큼 모든 배우가 춤을 잘 췄고 '마리오' 역을 맡은 제훈이 역시 춤을 잘 췄다. 나는 댄스뮤지컬의 주인공인 '엘비스' 역을 맡았다. 잘생기고 분위기가 멋진 캐릭터였다.

엘비스란 이름처럼 멋있게 연기해야 했는데 그러지 못했다. 멋있어 보이지 않을 것 같은 강렬한 느낌이 들면서 연기에 집중하기 힘들었다. 연기나 노래 실력도 부족하다고 생각하고 있었기에, 스스로 더 수치스러워지는 악순환이 계속됐다. 완벽함을 추구하는 내게 거짓처럼 느껴지는 연기는 너무 힘든 일이었다.

무대에서 박수받는 것은 매우 즐거운 일이었다. 하지만 공연할 때마다 사람들 앞에 서야 하는 배우가 무대를 무서워하고, 사람을 무서워했다. 약을 먹고 있었지만 깊은 곳의 두려움과 우울함은 가시질 않았다. 너무 괴로웠기에 더 이상 연기가 하고 싶지 않았다. 1998년 고등학교 2학년 때부터 쉬지 않고 두려움 속에서 무대 위에 섰다. 여기까지가 한계인 것 같았다. 쉬고 싶었다. 아니 도망가고 싶었다.

8월에 〈오디션〉 공연이 끝났다. 다음 공연을 잡지 않겠다고 다짐했지만 어떻게 아셨는지 정대경 연출님에게 연락이 왔다. 예전에 했던 공연에 다시 출연해달라는 제의였다. 나는 쉬고 싶었으나 부탁을 거절하지 못하고 명동 창고극장에서 이강백 선생님의 〈결혼〉이란 작품을 공연했다.

소극장 공연이라 관객이 바로 코앞에 있었다. 첫 장면부터 관객에게 담배를 빌려야 했는데, 관객이 어떻게 반응할지 예상할 수 없기 때문에 정신적으로 매우 힘들었다. 게다가 등장인물이 전부 세 명 뿐이라 주인공인 내가 유연하게 극을 이끌고 가야 했다. 어깨에 무거운 책임감이 지워진 공연이었다. 무조건 웃겨야 한다는 강박도 있었기에 장면들이 잘 풀리지 않으면 극도의 스트레스를 받았다. 공연이 조금이라도 맘에 안 드는 날은 온종일 기분이 안 좋았다. 한 장면이라도 잘 안 풀리면 그날 공연은 망한 것이었다. 이제 그만하고 쉬고 싶었다. 그렇게 〈결혼〉의 마지막 공연을 마쳤다. 이제는 정말 쉬리라.

혼자 세계여행을 가고 싶었다. 휴식이 필요했다. 여행을 가려면 돈을 벌어야 했다. 당시 나는 분당 야탑에서 찬희라는 친한 친구 자취 집에 얹혀살았다. 정자동의 작은 브런치 카페에서 아르바이트를 시작했다. 아르바이트는 재밌었다. 사장님도 착실히 일하는 나를 꽤 좋아해 주셨고, 맛있는 음식을 자주 요리해 주셨다. 스테이크와 토마토 스파게티가 정말 일품이었다.

차비까지 아끼기 위해 자전거를 타고 탄천을 지나 출퇴근했다. 한 달 열심히 일해서 월급으로 60만 원을 받았다. 이렇게 벌어서 언제 세계여행을 갈 수 있을까? 고민하던 찰나 전화벨이 울렸다. CJ 공연담당자인 박소영 실장님이었다. "광준 씨, 안녕하세요." 당시 내 이름은 개명 전인 유광준이었다. "잘 지내시죠? 혹시 이번에 교육문화회관에서 〈마법 천자문〉이란 어린이뮤지컬을 하는데 참여해 주실 수 있을까요?" "아… 실장님. 저, 우선… 출연 제의 감사드리고요. 제가 당분간 조금 쉬고 싶어서요." "아, 그래요? 엄청난 제작비를 투자해서 만드는 뮤지컬이거든요. 와이어액션도 펼쳐지는 대작이에요. 연출도 유명한 김진만 연출님이세요." "네, 실장님… 죄송해요."

그렇게 전화를 끊고 생각해봤다. '잠깐만… 월급은 60만 원인데. 대작이라면… 얼마를 줄까?' 다시 전화했다. "실장님, 혹시 출연료가 얼마인가요?" "음… 정확하진 않은데 회당 20만 원 정도 되지 않을까 싶어요. 연습비는 따로 책정되고요." 20만 원이면 3회 공연만 하면 60만 원이었다. "실장님, 저 할게요." "네? 아, 광준 씨, 정말 고

마워요. 그럼 오디션 시간이랑 장소 남겨드릴 테니까 그때 봐요!"

2008년 2월, 〈마법 천자문〉은 정말 큰 규모였다. 대형 스크린과 와이어액션, 현란한 아크로바틱 무술팀까지. 그 커다란 극장에 마치 전 세계 어린이가 모인 것처럼 인파로 넘쳐났다. 앙코르 공연까지 진행되면서 큰 성공을 거뒀다. 어린이 공연이어서 그런지 성인 관객을 대상으로 하는 공연보다 부담은 덜 했다. 그런데도 불안으로 인한 스트레스는 여전히 한계치였다. 그만하고 싶었다.

때마침 국민대학교 이용주 교수님께 연락이 왔다. 조치원에서 기간제 연기 교사를 급히 구하고 있는데, 가서 시험 볼 생각이 있냐고 물으셨다. 나는 대학에서 교직을 이수했다. 나중에 40~50대에 선생님을 하면서 후학을 양성하면 멋질 것 같았다. 그리고 무엇보다 두려움이 많은 내가 배우로 성공하긴 힘들 것 같았기에 대비책으로 교직을 들었다. 교직 수업을 열심히 들었고 감사하게도 자격증을 받았다. 우리나라에서는 연극영화 교직이 00학번부터 시작되었다. 나는 감사하게도 1기 수혜자였다.

해외여행 대신 시골 학교에서 1년간 요양을 하기로 했다. 당시에는 연극영화 교직 자격증을 가진 남교사를 찾기가 힘든 시기였다. 더군다나 시골에 있는 고등학교였기에 면접에 가볍게 통과했다. 조치원에 있는 성남고등학교의 기간제 교사가 되었다. 1년이면 요양을 끝내고 무대로 복귀할 거라 생각했지만, 16년이 지난 지금도 나는 교사를 하고 있다. 학생을 가르치는 일도 나에게는 두려운 일이었다. 하지만 무대에 서는 것보다는 낫다고 생각했다. 사회 불안증이 나아지기 전까지는 학생을 가르치는 보람을 크게 느끼지 못했다. 나의 모든 의식은 나의 두려움이 새어나가지 않게 꽁꽁 싸매기에 급급했다.

요즘은 즐겁다. 학생들이 귀엽고 사랑스럽다. 심지어 이제는 다른 일에 도전하고 싶다는 생각이 든다. 두려워서 포기했던 연기도 다시 하고 싶고, 인지행동치료, 명상, 최면 치료, 마음 치료 상담가도 되고 싶다. 얼마 전엔 노란우산 홍보모델 선발대회에 참가하여 1,600명 중 대상을 차지했다. 예전엔 두려움이었다면 이젠 설레고 가슴 뛰는 일이 되었다. 즐거웠다.

나는 불안증과 우울증으로 인해 꿈을 접었다. 불안증 때문에 직장에서 진급을 포기하는 사람도 있다. 진급하면 발표가 많아지고, 직원들을 관리하면서 사업체 사람들과 적극적인 만남을 가져야 하기 때문이다. 나는 무대가 두려워 휴식이란 핑계로 꿈을 접었다. 내 꿈을 포기하고 도망쳤다. 그런 내가 너무 싫고 한편으로는 안쓰러웠다. 제훈이는 유명한 배우가 되었다. 본인의 꿈을 멋지게 이루었다. 나와 함께 더블 캐스트로 엘비스 역할을 맡았던 원철이 형(배우 최대철)도 지금은 방송에서 열심히 활동하고 있다. 부러웠다.

당신은 나처럼 외로운 고통 속에서 꿈을 포기하지 않았으면 좋겠다. 돕고 싶다. 내가 한 대로 한다면 더 이상 포기하지 않아도 된다.

왜 이렇게 된 걸까

사회 불안증이 있는 대부분의 사람은 강렬했던 첫 공포의 순간을 기억한다. 사회 불안증의 발병 시기는 보통 만 15세부터 20세 정도에 나타난다. 내가 처음 사회 불안증을 경험한 것은 고3 연극동아리 연습실에서였다. 추헌엽 보조 선생님과 함께 눈을 보고 마주 서서 연습하고 있었다. 갑자기 머리가 파르르 떨렸다. 당황스러웠다. '방금, 뭐였지?' 커다란 문제가 발생했다는 느낌이 들었다. 엄청난 불안감이 순식간에 몰아쳤다. 다음에도 또 이러면 어쩌나 하는 걱정이 들었다. 신기한 건 걱정을 하면 할수록 더 많은 증상이 나타나기 시작했다. 웃을 때 입술 주변 근육이 떨렸다. '이러다 온몸이 다 떨리는 거 아닐까?' 걱정은 모두 현실이 되었다. 떨림은 전염병처럼 번져나갔다. 공연할 때는 다리가 후들후들 떨렸고 손과 몸, 목소리까지 몸 전체가 떨리기 시작했다. 나중엔 얼굴까지 빨개졌다. 그 이후로 떨림 증상은 더욱 심해졌고 징그러운 꼬리표처럼 따라다녔다. 사람들에게 문제 있는 모습을 숨기려고 노심초사하면서 살아왔다. '하나님, 왜 절 이렇게 만드셨어요?' 나를 이렇게 만든 하늘을 원망했다. 우울했고 분노가 치밀어 올랐다. 내가 얼마나 많이 하늘을 원망했는지 당신은 알까?

떨림 증상은 대학에 들어가서 더 심해졌다. 자연스럽게 남들 앞에서 연기하는 친구들이 부러웠다. 그러던 어느 날 시험공부를 하기 위해 국민대 내에 있는 성곡도서관에 갔다. 교직 심리학 관련 서적을 찾던 중 우연히 사회공포증에 관련된 책을 집어 들었다. 한 페이지씩 읽어 내려가는데 소름이 끼쳤다. 모든 페이지가 내 얘기였다. 나는 이것이 정신병이란 사실을 처음 알았다. 숨죽여 기쁨의 만세를 불렀다. 병인데 기쁘다니 이상하게 느껴지겠지만 고칠 수 있을 것이란 희망에 행복했다. 주체할 수 없는 기쁨으로 뛰어다녔다.

사회 불안증의 시작은 고등학교 3학년 때였으나 근본 원인은 유전적 요인과 환경적 요인에 있었다. 특히 어린 시절 부모님의 영향이 가장 크게 작용했다. 나는 유전과 환경 모두 강력하게 해당하는 케이스였다. 부모님은 사회적인 분들이 아니었다. 아버지의 술친구가 가끔 집에 온 것 빼고는 다른 가족이 집에 찾아온 적은 없었다. 아버지는 알코올 중독자였다. 매일 술을 마셨고, 많이 마신 날은 욕설은 기본이고 밥상을 엎고 어머니를 때리기도 했다. 어머니가 불쌍했지만, 여동생과 내가 할 수 있는 것은 구석에서 무서워하며 쪼그려 앉아 우는 것이 전부였다. 아버지는 난폭했고 고집이 셌다. 무슨 일이든 자기 뜻대로 되지 않으면 소리를 지르고 물건을 부쉈다. 함께 술 먹는 아저씨들, 친척과도 싸웠다. 어떤 날은 잘린 귀를 들고 집에 오셨다. 아버지 귀에서는 피가 나고 있었다. 같이 싸운 아저씨가 귀를 물어뜯었다는 것이다. 급히 병원에 가서 접합수술을 받았지만, 귀의 모양은 일그러져 있었다. 어디로 튈지 모르는 아버지의 행동은 온 가족을 불안하게 만들었다. 반면 술을 먹지 않은 날의 아버지는 전혀 다른 사람이었다. 자신감 없고 조용한 소년이 되었다. 불쌍하게 느껴질 정도의 양가감정이 일었다. 아버지는 수줍음이 많은 사람이었다. 어머니와 처음 당신의 집에서 선을 본 날도 모든 이야기는 할머니가 하고 아버지는 부끄러워서 쌀 항아리 뒤에 숨어있었다고 한다. 아버지는 그런 자기 모습이 싫어서 술이란 야수의 얼굴 뒤에 숨어 살았다.

난 어릴 때부터 어른들한테 머리가 나쁘다는 말을 많이 들었다. 아버지는 나를 꼴통이라고 불렀다. 네 살에서 일곱 살까지 원하는 것을 들어주지 않으면 땅에 머리를 박았다. 화가 잔뜩 나서 괴로워하며 땅에 머리를 박았던 기억이 난다. 그 모습을 보고 웃고 있던 어른들의 모습도 기억난다. 어머니가 나를 임신했을 때 배 속에 아이가 있다는 것을 모르고 막걸리를 마셨다고 한다. 나는 내가 배 속에서 술을 먹고 태어난 약간 모자라는 돌대가리 꼴통이라고 생각했다. 땅바닥에 머리를 박는 행동 뒤에는 욕구에 대한 이해를 전혀 받지 못한 결핍된 아이가 있었다. 얼마나 거절당하고 들어주지 않았으면 머리를 땅에 찧어가면서 답답함을 호소했을까. 나는 고집 센

아버지의 절대적인 지위 아래서 억눌리고 좌절만 맛보는 어린 시절을 보냈다. 공허한 메아리가 반복되면서 부모에게 원하는 것이나 깊은 속마음을 얘기하지 못했다. 친구에게도, 누구에게도.

가정형편도 열악했다. 우리 집은 가난했다. 신림동 판자촌에 살았다. 집들이 모두 다닥다닥 붙어있었고, 불이라도 나면 대여섯 가구가 순식간에 불타 사라졌다. 집은 연탄보일러였다. 겨울이면 연탄가스 중독으로 일가족이 병원에 실려 가는 경우가 많았다. 가끔 사망사고도 있었기에 당시에는 연탄가스가 매우 무서웠다. 산을 깎아만든 곳이어서 집 주소에도 산이 붙은 '신림7동 산 104번지'였다. 비탈 경사가 심해 겨울에 눈이 오면 오가지도 못하는 상황이 자주 발생했다. 우리 가족은 지금의 기초 수급자인 영세민으로 동사무소에서 정부미라는 묵은 쌀과 도시락, 어느 정도의 돈을 지원받았다. 옷은 대부분 얻어 입었다. 난 더러웠다. 잘 씻지 않아 꾀죄죄했고 얼굴은 여기저기 버짐이 피어있었다. 머리에 이가 있었고, 어금니는 모두 썩어있었다. 앨범 속에 보관된 초등학교 생활기록부에는 내가 불결하다고 적혀있다.

나는 수치심이 많았고 수치스러운 일들도 많이 겪었다. 할머니는 주인 없는 산에서 호박이나 나물류를 키웠다. 수확한 나물을 시장에 내다 파셨는데 나나 동생이 수레에 실어 옮겼다. 자존감이 낮으면 자존심이 세다. 사람들이 나를 불쌍하게 바라보는 게 싫었다. 친구들이 볼까 걱정됐다. 호박에는 인분을 줘야 잘 자란다며 구식 화장실에서 똥을 퍼다 나른 적도 있다. 할머니가 그런 일을 시킬 때 너무 싫었다. 힘들다기보다는 창피해서 싫었다. 내가 도망가면 동생이 일을 도맡아 했는데 더 조그만 여자아이가 얼마나 힘들었을지 크고 나서야 안쓰럽고 미안하다는 생각이 들었다.

초등학교 6학년 때 어머니가 집을 나갔다. 아버지와 할머니 때문에 돈 한 푼 없이 도망치듯 나갔다. 충격적이었다. 할머니는 어머니를 매번 나쁘다고 말했다. 어머니는 할머니와 아버지 몰래 우리와 연락했다. 식당에서 일하기도 하고 파출부로 남의 집에서 일하고 있다고 했다. 어머니가 불쌍했다. 동네 아줌마들은 엄마 없는 우리를 불쌍하게 여겼다. 친구들에게도 엄마 없는 아이라는 사실이 알려지는 게 창피했다.

당시 초등학교는 모든 학생이 집에서 도시락을 싸 왔다. 영세민 아이들만 식당에서 급식을 받아먹었다. 식판을 들고 아이들 사이를 걸어가는 하루하루가 수치스러웠다. 갑작스럽게 비가 오는 날, 우산이 없는 아이들을 위해 부모님이 오셔서 우산을 씌워 데려갔다. 나는 비를 맞으며 집까지 걸어갔다. 한 번도 우산을 받아본 기억이 없다. 비를 맞고 홀로 집으로 걸어가는 길, 우산 없는 내 모습은 처량했다.

아버지는 중학교 중퇴, 어머니는 초등학교 졸업장이 전부였다. 난 이것도 창피해서 선생님이 부모님의 학력을 적으라고 할 때 아버지는 고졸, 어머니는 중졸로 속여 쓴 적도 있다. 아버지를 포함한 우리 가족은 어디서나 환영받지 못했다. 술 취한 아버지와 이발소를 같이 간 적이 있다. 아주머니가 아버지의 수염을 면도해 주시는 데 경멸의 시선으로 "아우 더러워. 깎기 싫다, 정말"이라고 말하며 마지못해 깎는 모습을 봤다.

친척들도 아버지를 안 좋아했다. 아버지는 항상 술을 마셨고 괴 팍하고 시끄러웠다. 친척들은 아버지에게 술을 먹었으면 조용히 자 거나 집으로 가라고 했다. 그럴 때면 아버지를 데리고 도망치듯 일 찍 자리에서 일어나 집으로 돌아와야 했다. 나 역시 우리 가족이 다 른 가족과 함께 있는 자리가 늘 불편하고 불안했고 창피했다.

나는 문제 많은 아이였다. 동생을 때리고, 괴롭혔다. 동생을 꾀어 서 동생이 가지고 있는 500원짜리 동전 하나와 내 동전 100원짜리 두 개를 바꿔치기하기도 했다. 이유 없이 잘 서 있는 오토바이를 밀 어 넘어뜨리거나 유리창을 깨고 다녔다. 사고를 치면 아버지한테는 허리띠로 맞았고, 어머니한테는 딱딱한 나무 빗자루로 머리를 맞았 다. 자다가 바지에 오줌을 싸서 키를 주시며 소금을 받아오라는 어 머니의 말에 그 키를 발로 밟아 부수었다. 서럽게 울면서 어머니에 게 욕을 하고 도망갔다. 하루는 동네 동생과 놀다가 말다툼을 했는 데 그 친구가 "우리 엄마가 형이랑 놀지 말래"라면서 집으로 가버 렸다. 그 말에 큰 상처를 받았다. 나는 같이 놀면 안 되는 아이였다. 초등학교 2학년 때는 퇴학을 당했다. "넌 나쁜 아이야." 선생님은 내가 숙제를 안 하고 공부도 안 하고 시끄럽게 떠든다고 회초리로 손톱을 때리고는 퇴학이라고 내쫓았다. 진짜 퇴학인 줄 알고 울면 서 집으로 갔다. 사람들은 나를 싫어했고, 우리 가족을 싫어했다.

중학교 2학년 때부터 사춘기가 오면서 나의 보여주고 싶지 않은 모습들을 적극적으로 숨기기 시작했다. 아버지처럼 행동하면 사람들이 싫어할 거라고 생각했다. 아버지처럼 살지 않겠다고 몇 번을 다짐했는지 모른다. 어린 시절 나의 있는 그대로의 모습을 사람들이 싫어했기 때문에 사람들이 나에 대해 자세히 알면 싫어할 것 같았다. 난 문제가 많은 아이였고, 쓸모없는 사람이었으며, 멍청이였다. 어떤 행동이 사람들이 좋아하는 행동이고 싫어하는 행동인지 눈치를 보며 좋다고 여겨지는 것들로 가면을 만들어 쓰기 시작했다. 그때부터 사람들에게 좋은 평가를 받으려 애썼다. 진짜 내 상태는 중요하지 않았다. 좋아 보이면 그만이었다. 가슴 속에는 본모습을 들키기 두려워하는 겁먹은 토끼가 있었지만, 겉모습은 어떤 일에도 당당하고 강인해 보이는 용의 탈을 쓰기로 했다.

나의 사회 불안증과 우울증의 원인은 첫 번째가 수줍음이 많았던 아버지와 어머니에게 어느 정도 유전적으로 물려받았다. 두 번째는 사회적이지 못했던 부모님에게 사회화 교육을 제대로 받지 못했다. 거기에다 매일 혼나고, 맞고, 억압받고, 인정받지 못하고, 공감받지 못하고, 사랑받지 못한 경험들이 누적되면서 두려움과 외로움을 키웠다. 우리 가족은 혐오 가족이었다. 나를 포함한 가족 전체가 혐오를 받는 환경까지 더해져 내 사회공포증의 종합적인 원인이 되었다. 지금은 부모님을 전혀 원망하지 않는다. 나의 영적 성장을 위해 필요한 순간이라고 믿기 때문이다. 그리고 서투르지만 부모님은 나

와 여동생을 사랑했다. 감사하다. 이 글은 부모님을 탓하려고 쓴 글
이 아니다. 그저 내 증상의 원인을 알려주기 위해 과거의 일을 솔직
하게 작성했다.

18년간 약을 끊지 못한 이유

실망스러웠다. 사회 불안증 책을 읽고도 달라지지 않았다. 책의 내용은 분명 머리에 있었다. 대부분 이해할 수 있었지만 나는 바뀌지 않았다. 여전히 경련성 떨림은 계속되었고 그럴 때면 전과 같이 당황하여 어쩔 줄 몰라 했다. 금세 또 우울해졌다. '난 정말 어쩔 수 없는 인간인가?' 길음역에서 내려 국민대학교로 가는 버스 안, 오른쪽 언덕에 커다란 구민정신병원 건물이 보였다. 태어나서 처음으로 정신병원에 가봐야겠다고 생각했다. 요즘은 상담을 쉽게 받지만, 당시에는 정신과에 가는 것에 대한 사회적 인식이 매우 안 좋았다. 몇 번을 망설이다 용기 내어 남몰래 찾아갔다. 병원 입구에는 소독약 냄새가 역하게 코를 찔렀다. 구민정신병원은 1998년에 알코올 중독자 다섯 명이 집단 탈출한 것으로 유명한 병원이었다. 병원 분위기가 좀 무서웠지만 그런 것을 따질 때가 아니었다. 유태식 선생님께 상담을 받았다. 선생님은 사회공포증이라고 내 병을 진단했다. 알고는 있었지만 공식적으로 인정받으니 뭔가 기분이 묘했다. 불안과 우울을 줄여주는 약을 처방받았다.

약의 효과는 놀라웠다. 복용 후 30분이 지나면 두려운 상황에서 매우 편안해졌다. 이래서 사람들이 우황청심환을 먹는구나 싶었다. 정말 신기했다. 공포감이 줄어들면서 떨림이 확연히 줄어들었다. 우울한 느낌도 줄어들었다. 하지만 두 가지 부작용이 있었다. 첫 번째는 졸음이었다. 사람마다 다르겠지만 나는 심하게 졸렸다. 잠이 오는 성분이 신경을 차분하게 안정시켜 주는 것 같았다. 두 번째는 약의 의존성이 너무 높았다. 약을 먹지 않거나 먹을 수 없는 상황이면 평소보다 더 큰 불안과 우울감이 찾아왔다. 마치 약의 노예 같았다. 선생님은 참을 수 있는 상황에서는 참아보라며 약 먹는 횟수를 줄이자고 제안하셨고 선생님 말씀대로 최대한 적게 먹으려고 노력했다. 하지만 그럴수록 나의 불안은 더욱 커졌다.

약은 결과적으로 나를 더욱 불안하게 했다. 평소에도 잠이 많은 편인데 졸리기까지 하니까 더욱 괴로웠다. 약 대신 지긋지긋한 불안의 근본 원인을 뿌리 뽑고 싶었다. 인지행동치료를 받아야겠다고 생각했다. 결혼하고 아내에게 나의 불안증에 대해 처음 이야기했다. 치부를 숨겼던 나에겐 커다란 용기가 필요한 일이었다. 아내는 당황스러워했지만, 흔쾌히 치료받으라고 응원해 줬다. 광명에 있는 최병휘 선생님을 찾아가 인지행동치료를 받았다. 매주 토요일 저녁 10주간의 치료 프로그램을 시작했다. 왜곡된 생각을 수정하고 노출 훈련을 했다. 자세한 인지행동치료 과정은 뒤에서 설명하겠다. 10

주 후 내 상태는 매우 좋아졌다. 불안과 우울이 감소했다. 생각을 바꾸면 감정조절까지도 가능하다는 사실을 알게 되면서 자신감도 생겼다. 당시에 함께 치료받던 사람 중 창민이, 서현이, 준석이는 지금도 만난다. 이들이 좀 더 특별한 인연인 건 나와 같은 아픔을 갖고 있었다는 것, 그리고 나의 아픔을 유일하게 깊이 알게 된 친구들이기 때문이다.

치료를 마친 후 몇 개월간 약을 먹지 않았다. 꿈같은 시간도 잠시, 불안증은 재발했다. 뭔가가 빠진 것 같았다. '내가 뭘 놓쳤을까?' 굉장한 우울감과 무력감이 찾아왔다. 패배감이 몰려왔다. '이렇게까지 했는데도 안 된다고? 난 역시 안 되는 놈인가 봐.' 결국 포기했다. 다시 약을 먹었다. 점점 게을러졌고 인지행동치료와 관련된 작업도 적극적으로 하지 않았다. 나아질 것을 사실상 포기하고 그렇게 다시 약에 의지했다.

18년간 약을 먹었다. 더 이상 나에 대해 기대가 되지 않았다. 절반은 포기하고 있었지만 한편으론 이런저런 시도를 하고 있었다. 왜냐면 내 인생이니까. 호흡법과 신체 이완, 무의식에 관해 연구했다. 내 신체에 적용해 보았다. 조금씩 나아지기 시작하더니 엄청난 깨달음이 찾아왔다. 인지행동치료를 받고 다시금 안 좋아진 이유는 바로 미세한 회피 때문이었다. 인지행동치료에서 가장 중요한 것은 '직면하기'다. 두려운 상황에서 도망가지 않고 직면해야 한다. 그래야만 나아질 수 있다. 나는 두려운 상황에 직면했다고 생각했다. 사람 만나는 게 두려웠지만 사람을 만났고, 남들 앞에 서는 게 두려웠지만 섰다. 회피하지 않고 직면은 했지만, 그 안에서 미세하게 회피하고 있는 나를 발견했다.

카페에서 커피를 주문하기 위해 주문대 앞에 섰다. 불안했다. 사장님과 짧은 얘기를 나누던 중 얼굴이 떨릴 것 같은 느낌이 올라왔다. 나도 모르게 고개를 옆으로 돌리며 딴짓을 했다. 매우 자연스러웠다. 그렇게 잠시 있으니, 얼굴이 떨릴 것 같은 느낌은 금세 사라졌다. 자괴감이 들고 우울감이 쏟아졌다. 내가 나를 미워하고 있는 그 시간. 불현듯 미세한 회피를 하고 있다는 것을 알아차렸다. '아! 나는 사장님과 대화는 직면했지만, 떨릴 것 같은 상황은 회피했어. 미세한 회피다!' 충격적이었다. '왜 지금까지 몰랐을까?' 인지행동치료 공부도 열심히 했고 직면 훈련도 많이 했는데 미세한 회피를 하고 있던 사실을 몰랐다.

다시 시도해 보기로 했다. 이번엔 미세한 회피를 하지 않으리라 다짐하고 다른 카페로 갔다. 그 카페는 친한 사장님이 운영하는 곳이었다. 나의 떠는 모습을 보여준다는 게 한편으로는 두려웠다. 하지만 눈을 질끈 감고 '에라 모르겠다' 정신으로 우선 온몸에 힘을 뺐다. 무장해제를 했다. '될 대로 돼라. 온전히 직면하겠다. 도망가지 않겠다. 회피하지 않겠다'라고 다짐했다. 카페 사장님과 대화를 나누는 중에도 속으로는 온전히 직면하겠다고 합리적 사고를 주문 외우듯이 되뇌면서 사장님과 대화를 나눴다. 결과는 성공적이었다. 불안감이 따라오긴 했지만, 그 안에서 아주 편안하고 솔직한 대화가 오갔다. 대화하는 과정에서 불안의 정도가 높아지긴 했으나 공황과 같은 떨림은 찾아오지 않았다. 기뻤다. 기분이 매우 좋았다. 새 인생이 시작된 기분이었다. 내가 18년간 약을 끊지 못한 이유는 미세한 회피 때문이었다. 나는 중대한 결심을 했다. 다시 도전하기로 했다. 약을 끊고 부딪쳐 보기로 했다.

2장

1단계,
무의식 세팅하기

꼭 알아야 할 무의식의 특징들

～～～～～ 대학 시절부터 최면에 관심이 많았다. 최면을 통해 내면의 상처를 치유할 수 있다는 이야기를 들었기 때문이다. 사회 불안증을 극복하고 싶었던 나는 다음카페에 '파란물탱이'라는 닉네임으로 활동하는 최면사를 만나고 싶었다. 그분을 만나서 사회 불안증에 도움을 받고 싶었다. 몇 차례 이메일을 주고받은 뒤 약속을 잡았지만 결국 만남은 성사되지 못했다. 최면에 관한 관심은 그렇게 서서히 사라져갔다.

불안, 우울 증상이 급속도로 좋아진 시기에 나는 자기암시를 하고 있었다. 뒤에 자세히 소개하겠지만 자기암시는 자신에게 거는 최면이다. 에밀 쿠에라는 약사의 자기암시 요법으로 효과를 보기 시작한 나는 최면에 다시 관심이 생겼다. 그리고 길지 않은 시간에 최면 2급 자격을 획득했다.

평소에도 무의식에 관심이 많았으나 최면을 통해 더 깊이 있게 무의식의 특징을 알게 되었다. 무의식은 우리 인생의 운전대 역할을 하고 있다. 자기 초월의 힘은 무의식에서 나온다. 나는 무의식을 이해하고 한계를 초월했다. 18년간 먹던 불안과 우울증 약을 끊었다. 자기를 초월한다는 것이 대단하게 들리지만, 별것 아니다. 왜냐면 나를 포함한 많은 사람의 한계가 너무 낮게 설정되어 있기 때문이다. 무의식을 들여다보면 얼마나 많은 생각들이 당신을 제한하고 있는지 놀랄 것이다. 제한된 가짜 생각만 바꿔도 당신은 초월자가 된다. 그리고 불안과 우울을 극복하기 위해서라도 무의식의 특징을 이해하는 것은 필수코스다. 지금부터 재미있는 무의식의 특징들을 알아보자. 쉽다. 시간을 두고 세 번만 읽어보자. 금세 무의식에 새겨질 것이다.

첫 번째, 무의식은 반복을 좋아한다. 최면사가 피최면자에게 후최면 암시를 거는 장면을 봤는가? 후최면 암시란 최면이 깨어난 뒤에도 최면 상태에서 최면사가 했던 말대로 행동하게 하는 암시다. 최면사가 눈을 감고 누워 있는 피최면자에게 말한다. "이제 당신은 자신감이 넘쳐납니다. 자신감이 넘쳐 나옵니다. 계속 자신감이 넘쳐 나옵니다. 그리고 삶의 의욕이 솟아납니다. 의욕이 용솟음칩니다. 의욕이 솟구쳐 나옵니다." 이렇게 세 번씩 같은 말을 반복한다. 이유는 무의식이 반복을 좋아하기 때문이다. 반복해야 무의식에 새겨진다. 반복의 최소단위는 세 번임을 기억하자.

이성주 작가는 ABC조차 몰랐던 탈북자였지만 자신만의 공부법을 통해 영어를 잘하게 된 비법을 《나의 1·2·3 영어 공부》란 책에서 소개했다. 이성주 작가는 자신을 돌머리라고 표현했다. 다른 사람들보다 머리가 나쁘지만, 돌머리인 자신을 좋아했다. 돌은 무엇이든 새기면 지워지지 않는다. 그래서 영어 단어를 암기할 때 돌에 새기듯 반복을 거듭했다. 반복을 좋아하는 무의식의 특징을 잘 이해한 행동이다. 선생님들이 매일 "예습하고, 수업 듣고, 복습해라. 그래야 공부 잘한다"라고 했던 것도 같은 맥락이다.

에빙하우스의 망각곡선에 따르면 우리가 공부하면 그 지식은 20분 뒤에 42%가 사라지고, 1시간 뒤에는 56%가 사라진다. 그리고 하루가 지나면 67%, 이틀이 지나면 72%가 사라지고, 기억에 남는 것은 28%뿐이다. 그래서 공부한 직후에는 복습하지 않아도 해당 지식의 대부분을 알고 있는 게 맞다. 하지만 며칠이 지나면 내가 알고 있다고 생각하는 지식은 망각으로 사라진 뒤다. 금방 잊어버리는 자신을 머리가 나쁘다고 탓할 필요 없다. 인간이라면 누구나 망각한다.

당신이 잘하고 싶은 게 있다면 계속 반복하면 된다. 그럼, 그것은 무의식에 새겨진다. 그게 바로 습관이다. 습관이 되면 그다음부터는 공들이지 않아도 습관이 알아서 한다. 우리가 원하는 새로운 생각을 무의식에 집어넣는 방법도 바로 반복이다.

두 번째, 무의식은 당신이 어렵다, 힘들다고 생각하는 것을 하기 싫어한다. 그래서 결국 해내지 못하게 만든다. 나는 사회 불안증을 매우 고치기 어려운 질병이라고 생각했었다. 그래서 18년간 사회 불안증을 고치지 못하고 약을 먹었다. 나는 못 하는 게 매우 많았는데, 내가 못 하는 것들에 대해서 모두 어렵다고 생각했다는 것을 깨달았다. '공부는 어렵다. 돈 벌기는 어렵다. 성격을 바꾸기는 어렵다. 남들 앞에서 떨지 않기는 어렵다. 어렵다. 어렵다.' 어렵다고 생각하면 답에 거의 가까이 다가왔더라도 이렇게 쉬울 리 없다며 한 번 더 꼬아서 생각한다. '뭔가 다른 길이 있을 거야.' 어렵다고 생각한 일은 그렇게 점점 더 어려워진다. 그래서 결국 포기하고 만다. 심지어 해보기도 전에 누군가 어렵다고 해서 시작도 안 하고 포기한 일도 많다.

책 쓰기도 어렵다고 생각했다. '나는 글재주가 없어. 내가 무슨 책이야. 책은 극작가 출신들이나 쓰는 거야. 평범한 나 같은 사람은 어려워.' 책 쓰기가 어렵다는 내 생각을 관찰했다. '왜 또 어렵다고 생각하고 있지?' 내 생각을 들여다보지 않았다면 무의식적으로 어렵다고 생각하고 시도조차 안 했을 것이다. 생각을 수정했다. '평범한 사람이 책을 써서 베스트셀러가 된 사례는 많아. 책 쓰기는 충분히 해볼 만해. 책 한 권이 나오려면 A4용지 90쪽에서 100쪽만 나오면 돼. 내가 하루에 한 꼭지 두 장씩만 쓴다고 가정하면 45일에서 50일이 걸려. 한 달 반에서 두 달도 안 되는 기간에 책을 쓸 수 있어.' A4용지 두 장은 중학생이라도 무언가 주제를 정해주면 쓸 수 있는 양이다. 나는 생각을 바꿨다. '책 쓰기는 쉽다. 책 쓰기는 쉽다. 책 쓰기는 쉽다.' 그렇게 마음먹자 책을 쓰고 싶어졌고 바로 책 쓰기에 돌입했다.

아들은 축구를 한다. 모두가 축구로 성공하기 어렵다고 말한다. 하지만 나는 아들에게 이렇게 말한다. "축구는 쉬워. 시간이 걸릴 뿐." 그리고 무의식에 관해 설명을 자주 들은 아들은 긍정의 고개를 끄덕인다. 불안증과 우울증을 고치기가 어렵다고 생각하나? 나를 보라. 18년간 먹던 약을 쉽다고 생각한 후 바로 끊어버렸다. 당신도 앞으로 어떤 일을 시작하려고 하는데 그것이 어렵게 느껴진다면 이렇게 말하라. "쉽다. 쉽다. 쉽다. 단지 시간이 좀 걸릴 뿐."

세 번째, 무의식이 의식을 이긴다. '의식은 빙산의 일각이다.' 무의식의 대가이자 정신분석학의 창시자인 지크문트 프로이트는 우리의 의식은 눈에 보이는 10% 정도의 빙산 윗부분이며 물에 잠긴 90%가 무의식이라고 비유했다. 칼 융은 한발 더 나아가 바다 위에 떠 있는 코르크 마개가 의식이며 바닷물은 무의식이라고 표현했다. 둘이 싸운다는 것은 오대양과 코르크 마개의 싸움이다. 무조건 무의식이 이긴다.

의식은 모든 것에 대하여 이성적으로 가치를 판단한다. 의식의 언어는 논리다. 어떤 것이 좋은 것인지, 나쁜 것인지 판단한다. 아름다움과 추함, 선과 악을 논리적으로 설명한다. 무의식은 가치를 판단하지 않는다. 순수한 아기처럼 있는 그대로 모두 받아들인다. 무의식의 언어는 상상이다. 모든 것을 이미지로 쉽게 흡수한다.

나는 담배를 하루에 한 갑 반 정도를 피우는 골초였다. 이 글을 쓰는 현재 1,204일째 금연 중이다. 담배를 끊은 사람과는 상종하지 말라는 말이 있을 정도로 담배를 끊기 어려운 이유가 무엇일까? 무의식에서 펼쳐지는 상상 때문이다. 담배는 몸에 해롭다. 폐암 및 각종 암을 유발하고 간접흡연으로 주변에 피해를 끼친다. 이성적이고 논리적인 의식은 담배를 끊어야 한다고 다짐하고 담배를 잘라버린다. 하지만 무의식에서 펼쳐지는 이미지는 짧고 빠르고 강렬하다. 담배 연기가 목으로 넘어가는 상상을 한 순간, 온몸으로 퍼지는 니코틴의 짜릿한 자극에 온갖 스트레스가 날아갈 것만 같다. 입에는 어느새 담배가 물린다. 다이어트에 실패하는 이유도 같다.

무의식은 그것이 옳은지 그른지, 좋은지 나쁜지, 아름다운지 추한지 따지지 않는다. 당신의 의식이 '우울한 건 정상적이지 않아! 떠는 건 이상한 거야!'라고 논리적으로 말해도 무의식이 무능력하고 무기력하고 망신스럽게 벌벌 떠는 당신의 모습을 보여주면 게임은 끝난다. 무의식의 승리다.

우리 내면에는 무한한 가능성의 세상이 있다. 이곳에 어린 시절부터 쌓인 상처로 거대해진 내면 아이가 겁을 먹은 채 쪼그리고 앉아있다. 상처를 받을 때마다 계속 커진다. 우리는 앞으로 의식의 언어인 논리를 활용하여 상상이라는 무의식에 반복적으로 침투할 것이다. 거대해진 내면 아이를 온전히 수용하여 본래 모습으로 돌아가도록 만들어 줄 것이다. 그러다 보면 어느새 무한한 가능성의 공간에서 행복하게 뛰어노는 아이를 발견하게 될 것이다.

네 번째, 무의식은 부정문을 이해하지 못한다. 부정문이란 말 그대로 부정하는 말이다. '아니다, 하지 마라, 못한다'와 같은 말들이 부정하는 문장들이다. 영어로는 not에 해당한다.

짧은 테스트를 한번 해보겠다. 당신은 분명 내가 하지 말라고 한 것을 떠올릴 것이다. 내기해도 좋다. 만약에 하란 대로 할 수 있다면 나를 찾아오라. 저자 소개에 메일 주소를 적어두겠다. 성공한다면 맛있는 저녁을 대접하겠다. 자, 그럼 시작하겠다. 지금부터 내가 제시하는 것을 상상하면 안 된다. 다른 모든 것을 떠올려도 좋으나 내가 제시하는 것만은 절대 떠올리면 안 된다. '지금부터 절대 바퀴벌레는 상상하지 마라.' 잠시 묵상해 보자. 바퀴벌레 말고 다른 무언가를. 무엇이든. 이 장을 읽는 동안 바퀴벌레를 상상하지 않았다면 당신의 승리다. 어떤가? 바퀴벌레가 떠올랐을 것이다. 생각하지 않으려고 할수록 더욱 강렬하게 나타난다. 어쩌면 더듬이까지도….

그래서 부정문으로 말하는 습관을 버리고 당신이 원하는 것으로 초점을 이동시켜야 한다. '우울하지 않겠다'라는 것은 부정에 초점을 맞춘 것이다. '나는 지금 내가 가진 것에 감사함과 즐거움을 느낄 거야'라고 행복에 초점을 맞추고 다짐한다. 발표할 때 '떨면 안 돼'라고 생각하는 것 역시 부정에 초점을 맞춘 것이다. 내가 원하는 것은 우울함이 아닌 즐거움이다. '떨고 싶지 않아'가 아니라 '당당하게 발표하자'라고 생각하는 것이다. 강력히 부정할수록 강력한 부정이 당신에게 머무르게 된다는 사실을 명심하자. 무의식의 언어는 상상이며 부정문을 처리하지 못한다는 것을 기억하자. 안녕, 바퀴벌레.

다섯 번째, 우리는 12Hz 이하의 뇌파에서 쉽게 학습한다. 인간 대부분은 만 14세가 되면 최면에서 깨어난다. 보통 사춘기라 부른다. 아이를 키워 본 부모라면 공감할 텐데 어제까지 내 옆에서 자던 아이가 갑자기 자기 방에 들어가 문을 닫는다. 어린아이에서 갑자기 논리적인 이성에 눈을 뜬 청소년이 등장한 것이다. 성경에서 보면 아담과 하와가 선악과를 먹고 부끄러움과 죄의식을 느끼듯이 꿈같은 에덴동산이라는 최면에서 깨어난다.

만 14세 이전 상태를 최면상태라고 한 이유는 최면상태의 뇌파가 만 14세 이전의 뇌파와 같기 때문이다. 인간은 나이에 따라 뇌파가 달라진다. 만 14세 이전 상태의 뇌파는 알파파에서 세타파다. 최면상태와 같은 12Hz 이하의 뇌파 상태다.

뇌파는 총 다섯 종류다. 감마파, 베타파, 알파파, 세타파, 델타파가 있다. 델타파는 주파수가 0.5~3Hz로 우리가 깊은 잠을 자는 상태다. 보통 만 2세까지 아이들에게서 나타나는 뇌파다. 세타파는 주파수가 4~7Hz로 얕은 수면 상태이고, 깊은 명상의 상태, 깊은 최면 상태다. 보통 만 7세까지의 아이들에게서 나타나는 뇌파이다. 알파파는 주파수가 8~12Hz이다. 살짝 졸린 상태로 잠들기 전이나, 잠에서 깨어난 직후의 상태, 최면에서 가장 많이 보이는 상태다. 보통 만 14세까지의 아이들에게 나타나는 뇌파다. 베타파는 13~32Hz로 잠에서 완전히 깬 상태, 의식이 명확한 각성 상태, 약간의 스트레스 상태다. 감마파는 주파수가 32Hz 이상으로 가장 높은 진동수를 가진 뇌파다. 극도로 긴장하거나 복잡한 정신활동을 수행할 때 활성

화된다.

12Hz 이하의 주파수 상태를 기억하자. 우리는 이 상태를 적극적으로 활용할 것이다. 이 영역대는 무의식이 열려있는 상태이다. 비판 없이 어린 애처럼 모든 것을 손쉽게 흡수할 수 있는 상태다. 주파수가 높은 각성 상태는 의식의 저항이 심하다. 주파수가 낮을수록 가치판단 없이 온전히 받아들인다. 우리는 여기에 건강한 새 프로그램을 깔아야 한다. 무의식에 새 프로그램이 깔리면 의식보다 처리 속도가 200만 배 이상 강력하고 빨라진다. 의식은 단기기억을 담당하지만, 무의식은 장기기억을 담당한다. 무의식에 들어간 생각들은 매우 빠르게 자동으로 처리된다.

여기까지가 대표적인 무의식의 특징이다. 이 특징을 모르고 살아간다면 자신도 모르게 흐르는 강을 거꾸로 거슬러 오르는 힘겨운 싸움을 하게 된다. 무엇을 하든 퇴보하거나 제자리걸음을 하게 된다. 기억하자. '모든 게 쉽다', '몇 번만 반복하면 금세 무의식에 새겨진다. 원하는 걸 최소 3번씩 반복하자', '무의식은 부정문을 이해하지 못하니 원하는 것에 초점을 맞추자', '무의식이 무조건 의식을 이긴다. 원하는 걸 상상하자', '최면과 같은 주파수 12Hz 이하의 상태를 만들어 원하는 생각을 무의식에 저장하자'. 무의식의 모든 특징을 이야기하진 못했지만, 이 정도 특징들만 알아도 순풍에 돛단 듯 빠른 속도로 우리가 원하는 치유의 세계에 도착할 것이다. 혹은 그 이상이 될지도….

우리는 프로그래밍 되어 있다

───────── 2019년, 가족과 함께 LA에 갔다. 아내의 이모님을 만
난 후 캠핑카 두 대를 빌려 뜨거운 사막을 횡단했다. 밤하늘의 별은
아름다웠고 미국은 거대했다. 사막 한가운데서 캠핑하며 읽었던 책
은 내 삶을 송두리째 바꿨다. 단단했던 생각에 균열을 일으켜 새로
운 생각이 침투할 수 있게 만들어줬다. 그 책은 바로 로버트 기요사
키의 《부자 아빠 가난한 아빠》였다.

기요사키의 아빠는 겉으로 보기엔 커다란 집을 가진 고위 공무원
이지만 가난했고, 친구의 아빠는 허름해 보이는 집에 살았지만 여
러 개의 사업체를 가진 부자였다. 가난한 아빠는 그의 아빠 즉, 기요
사키의 할아버지에게서 물려받은 생각대로 살았다. 대학을 나와 안
정적이라는 직장에 취직해서 대출받아 큰집을 장만하고 쌓여가는
청구서에 허덕이면서도 돈은 중요하지 않다고 말하고 있었다. 그의
자식인 로버트 기요사키에게도 아빠의 태도와 말은 자연스럽게 몸

에 흡수되었다.

반면 친구의 아빠인 부자 아빠는 자신에게 정반대의 것을 알려주었다. 자신이 살 집을 위해 대출을 하면 불필요한 이자를 내게 된다. 사업을 위해 대출하고 사업 수익에서 남은 돈으로 집을 사라. 학벌은 중요하지 않지만, 돈은 매우 중요하기에 머리를 써서 사업을 해야 한다고 가르쳤다.

기요사키는 가치관에 혼란을 느낀다. 가난한 아빠와 정반대로 말하고 있는 부자 아빠를 보며 부자가 꿈이었던 그는 부자 아빠의 생각을 믿고 따르기로 결심한다. 부자 프로그램을 깔기로 마음먹고 적극적으로 부자 아빠의 생각을 내려받는다. 부자 아빠에게서 돈 버는 법을 제대로 배웠고 결국 여러 개의 사업체를 가진 부자가 되었다. 로버트 기요사키는 어린 시절 부자 아빠를 만나지 않았다면 결코 부자가 될 수 없었을 거라고 회상한다. 아마도 그의 아빠가 할아버지에게 받았던 대로 자신도 아빠의 가난한 생각을 그대로 물려받았을 것이다. 이것이 바로 우리 모두에게 대물림 되는 프로그램이다.

우리는 모두 프로그래밍 되어 있다. 이 말이 생소하게 느껴지는가? 컴퓨터에 프로그램을 깔면 컴퓨터는 프로그래밍 된 대로만 작동한다. 인간 역시, 마치 컴퓨터의 프로그램처럼 하나의 프로그램을 깔면 프로그래밍 된 대로 평생을 살아간다. 나는 이를 최면이라고 부른다. 최면에 걸린 사람은 최면사의 암시대로 움직인다. 무의식의 특징에서 말한 대로 무의식의 상태와 가까운 최면상태는 옳고 그름과 같은 가치판단을 하지 않는다. 담배가 옳은지 그른지 따지지 않는 것처럼 오로지 최면사의 말이 프로그래밍 되어 행동한다. 이러한 프로그램은 부모님이나 가까운 친척, 선생님, 친구들, 국가, TV, 라디오, 유튜브 등 여러 곳에서 내려받는다. 특히 어린 시절 주 양육자인 부모님에게 가장 큰 영향을 받는다.

로버트 기요사키가 부자가 된 것을 여러 가지 환경적인 요인들과 유전적인 요인, 운의 작용 등을 배제하고 너무 단순하게 표현했을 수도 있다. 하지만 이 장에서 내가 말하고자 하는 핵심은 성공이 아니라 생각의 대물림, 즉 프로그래밍 된 생각이다.

2022년 5월 17일, 미국의 과학 매체 〈사이언스얼럿〉은 두 살 때 헤어진 일란성 쌍둥이의 지능과 가치관에 관한 연구 결과를 발표했다. 두 사람은 1974년 한국에서 태어났다. 두 살이었던 쌍둥이 동생은 할머니와 동대문시장에 갔다가 길을 잃었다. 결국 가족을 찾지 못해 홀트아동복지회를 통해 미국으로 입양됐다. 2020년 유전자 채취를 통해 가족임을 확인하고 극적인 만남이 이뤄졌다.

연구진은 연구를 시작하기 전에 두 사람이 만난다면 서로에게 어느 정도 영향을 줄 수 있어서, 두 사람이 상봉하기 전 성격, 병력, 정신 건강을 미리 조사했다. 비슷한 부분은 두 사람 모두 성실성 척도가 높았다. 직업은 공무원과 요리사로 달랐지만, 만족도는 둘 다 높았다. 자존감도 모두 높은 편이었다.

반면 가치관과 성향, 심지어 IQ까지 큰 차이를 보였다. 한국에서 자란 언니의 부모님은 따듯했고 집안 분위기는 화목했다. 미국으로 입양된 동생의 부모님은 엄격했고 가족의 갈등 수준도 높았다. 동생은 언니보다 IQ가 16점이 낮았다. 16점이란 점수 차이는 쌍둥이 사이에서 보기 드문 커다란 차이다. 동생은 개인주의 성향이 매우 강했지만, 언니는 집단주의적인 가치관이 강했다. 한국의 집단주의와 미국의 개인주의적 문화의 영향을 고스란히 받은 것이다.

두 사람은 한 부모의 배에서 태어났지만, 이들의 가치관과 생각, 그리고 그에 따른 선택들은 모두 확연히 달랐다. 연구진은 한 쌍의 쌍둥이 사례만으로 결론을 내리기는 어렵지만, 환경의 차이가 쌍둥이에게 영향을 미치는 것은 분명하다고 평가했다.

당신에게 다운된 프로그램은 부모님을 포함한 주변 환경의 프로그램이지 당신이 원한 프로그램이 아니다. 대부분 사람은 이유도 모른 채 원치 않는 삶을 죽을 때까지 살아간다. 나는 기초 수급자였던 가난한 아빠에게 가난한 프로그램을 내려받았고, 소심하고 사회성이 부족한 아빠에게 사회 불안증 프로그램을 내려받았고, 술만 드시면 소리치고 밥상을 엎고 욕을 하던 알코올 중독자 아빠에게 중독과 불안, 우울, 내면의 분노를 내려받았다.

나는 행복한 삶을 꿈꿨지, 단 한 번도 우울증을 원하지 않았다. 안정되고 평온한 마음을 원했지, 불안증을 원하지 않았다. 근데 내 머릿속에는 온통 불안과 우울을 유발하는 생각 프로그래밍이 깔려 있었다. 무의식은 옳고 그름을 따지지 않는다. 최면 역시 옳고 그름을 따지지 않는다. 불안과 우울을 유발하는 생각이 왜곡된 가짜 생각이라는 것을 논리적으로 알아도 무의식에 저장된 프로그램은 나도 모르게 자동으로 우울, 불안을 선택한다.

설령 당신이 우울증을 앓고 있더라도 당신이 우울증을 경험하고 싶어서 선택했어야 옳다. 만약 당신에게 깔린 프로그램이 긍정적이고 합리적이고 건강한 프로그램이었다면 그나마 나았을지는 몰라도 그 역시 당신의 자유의지가 아니다. 인간은 누구나 자유의지를 갖고 태어난다. 당신은 누군가의 노예가 아니다. 하지만 그 자유의지는 자신이 선택하지 않는 한 죽을 때까지 얻을 수 없다. 당신은 지금 조상의 아바타로 살고 있다.

생각을 바꿀 수 있다는 것은 희망이다. 쇼핑하듯이 당신이 원하는 생각을 무의식에 넣을 수 있다. 생각이 바뀌면 감정도 바뀐다. 기분이 좋은 상태를 만들고 싶으면 생각을 알아차리고 조정하여 마치 배우처럼 원하는 상태가 될 수 있다. 우울증은 정신병이다. 걱정 근심이 끊이질 않아 마음이 침울해지고, 자신의 무능을 비관하고, 세상을 괴롭고 귀찮은 것으로 여기는 상태다. 심해지면 자살을 시도한다. 우울한 생각은 당신이 원한 생각이 아니다. 당신이 선택해서 내려받은 생각이 아니다.

나는 미국에서 《부자 아빠 가난한 아빠》를 통해 신선한 충격을 받았다. 아이러니하게도 돈을 주제로 한 경제 도서에서 심리학적 깨달음을 얻었다. 최면을 배우면서 암시라는 것을 알게 됐다. 모든 생각과 선택이 온전히 나의 것이라 믿고 살아왔지만, 환경이란 최면사의 암시대로 살아가고 있었다. 그래서 타인 암시가 아닌 자기 암시로 자신이 원하는 삶을 살아야 한다. 자신이 선택한 생각, 당신이 받아들이기로 한 생각이 진정한 자신의 프로그램이다. 그게 진정한 자유의지다. 길거리에 지나가는 사람들을 보라. 최면에 걸린 듯 프로그램된 채 습관적으로 움직이고 있다. 영화 〈매트릭스〉의 주인공 네오처럼 최면에서 깨어나 새로운 프로그래밍을 간 사람이 얼마나 될까? 알코올 중독자 아버지가 죽을 만큼 싫었던 딸이 결국 알코올 중독자 남편과 결혼하게 된다는, 심리학의 스키마 패턴schema pattern도 같은 원리다. 그래서 우리가 원하는 정신적·신체적 건강한 삶을 살기 위해선 건강한 프로그램을 다시 깔아야 한다. 우린 무엇이든 될 수 있는 무한한 존재이다. 당신이 원하는 프로그램을 설치하자. 그 방법은 바로 자기암시다.

놀라운 자기암시 효과

〜〜〜〜〜 잠을 자기 위해 침대에 누울 때 과거와 다른 버릇이 생겼다. 바로 자기암시 습관이다. 편안하게 누워 깊은 심호흡을 세 번 하고 자기암시를 시작한다. 내가 사용하는 자기암시 구절은 '나는 날마다 모든 면에서 점점 더 나아지고 있다'이다. 20번을 반복한다. 머리만 대면 자는 편이라 20번을 다 하기도 전에 곯아떨어진다. 그리고 아침에 부스스 정신이 들면 또다시 자기암시를 시작한다. '나는 날마다 모든 면에서 점점 더 나아지고 있다.'

자기암시는 놀라운 효과가 있다. 내 삶은 자기암시를 한 후 180도로 달라졌다. 더 이상 아침에 불필요한 걱정을 하지 않는다. 자기암시를 하기 전에는 아침에 일어나면 해야 할 일부터 생각했다. '오늘은 해야 할 일이 많잖아. 수업도 무척 많은데? 방과 후 수업까지 있잖아. 집에 오면 10시가 넘겠네…. 아, 부담스러운데…. 방과 후 수업 빠지는 학생 미실시확인서 결재하러 교장 선생님도 만나야 하는구나. 잔소리하실 것 같은데. 이론 수업 진도도 나가야 하는데 수업 준비가 더 필요하겠네…. 음악과 학생이랑 기숙사에서 싸운 애들 상담도 해야 하고. 대표 학부모님과 실기복 상의도 해야 하고….'
침대에 일어나서 발이 바닥에 닿기도 전에 떠올랐던 생각들이다. 자기암시를 계속하다 보면 나도 모르게 혼잣말을 계속 중얼거리게 된다. 그래서 잡생각이 들어올 틈이 없다.

내가 약을 끊게 된 시점이 바로 자기암시를 시작한 이후였다. 의심 많던 내게 반복을 통한 믿음이 생기고 있었다. 나의 모든 부분이 정말 나아진다고 생각하며 중얼거리다 보니 나아질 수 없을 것 같던 인생이 조금씩 나아졌다. 딱딱하던 내 신체와 정신은 조금씩 부드러워졌다. 새롭고 유연한 생각들을 받아들이기 시작했다. 보이지 않았던 것들이 보이며 나도 모르게 미세한 회피를 하는 나를 발견한 것이다. 놀라울 정도로 좋아지기 시작했다. 나아진다는 믿음의 결과다.

믿음은 사람을 살리기도 하지만 죽일 수도 있다. 히틀러는 유대인을 대상으로 생체실험을 했다. 실험대상자의 눈을 가리고 아킬레스건에 상처를 냈다. 피가 많이 나지 않을 정도의 상처였다. 피는 곧 멈췄다. 실험대상자가 피를 흘리고 있다고 느낄 수 있도록 물을 받아둔 대야에 물방울을 떨어뜨렸다. 히틀러는 실험대상자 옆에서 의사에게 물었다. "이렇게 피를 흘리면 몇 시간 뒤에 죽나?" 의사는 5시간이면 죽을 것이라고 말했다. 그리고 정확히 5시간 뒤에 실험대상자는 죽었다. 실제로 피가 몸에서 빠져나가지도 않았는데 생각만으로 죽었다. 이토록 믿음은 강력하다. 그러므로 당신을 살리는 믿음을 심어야 한다.

〈우리는 프로그래밍 되어 있다〉에서 밝힌 것처럼 우린 모두 타인 암시, 즉 부모님이 준 프로그램으로 살아가고 있다. 암시란 어떠한 자극을 주면 자신도 모르게 그 자극의 내용대로 행동하게 되는 것을 말한다. 최면사가 당신에게 '최면에서 깨어나면 창문을 엽니다'라고 말한다면 당신은 최면에서 깨어나 창문을 연다. 왜 그랬냐고 물어보면 열고 싶었다고 말한다. 전혀 논리적이지 않은 행동이다. 이것이 바로 암시다. 우리는 모두 어린 시절 부모님이 암시한 대로 옳고 그름은 따지지 않고 살아가고 있다. 당신이 원하는 건강한 삶을 살기 원한다면 어릴 때 타인에 의해 만들어진 암시 대신에 당신이 원하는 건강한 새로운 자기암시를 심어야 한다. 당신은 무한한 잠재 능력을 갖추고 있다. 자기암시는 당신 안의 잠든 거인을 깨우는 작업이다.

프랑스 약사인 에밀 쿠에는 플라세보 효과를 알게 된 후 호기심이 생겼다. 플라세보 효과란 가짜 약이 진짜 약과 같은 효과를 일으키는 효과를 뜻한다. 그는 약사였기 때문에 손쉽게 가짜 밀가루 약을 만들어 사람들에게 실험했다. 놀랍게도 많은 사람의 열이 내리고 병이 나았다. 믿음이 병을 고친 것이다.

이후 에밀 쿠에는 연구를 거듭했고 유럽 전역을 돌며 기적을 행사하기 시작했다. 불치병이라고 불리던 병들을 치료해 나가기 시작했다. 종양도 사라졌다. 걷기 힘들었던 사람들이 걸었다. 폐렴도 나았다. 신경증 환자도 고쳤다. 에밀 쿠에가 쓴 《자기암시》란 책에는 병원에서도 고치지 못한 병이 완전히 나았다고 고백한 감사 편지들로 넘쳐난다. 교회와 의학계는 그를 이단 사이비 취급했다.

에밀 쿠에가 처방한 것은 약이 아니었다. "아침에 20번, 저녁에 20번 입가에 미소를 띠고 '나는 날마다 모든 면에서 나아지고 있다'라고 반복하세요. 속으로 말해도 괜찮아요. 진짜로 나아지고 있다고 믿으세요. 어디 한 부분이 아니라 당신의 모든 부분이 나아지고 있다고 생각하면서 기분 좋게 말하세요." 말로 하는 믿음 치료였다.

입가에 미소를 짓는 이유는 무엇일까? 뒤에서 자세히 소개하겠지만 신체는 정신과 연결되어 있다. 행복해서 웃는 것이 아니라 웃으니까 행복해진다는 말처럼 신체의 변화는 감정을 변화시킨다. 엔도르핀, 세로토닌과 같은 기분 좋은 호르몬을 분비한다. 뇌는 의외로 단순하게 작동한다. 자주 웃으면 행복하다고 착각한 뇌가 즐거운 감정을 내보낸다. 당신이 나아지고 있다고 믿으면 몸은 자가 치유에 들어간다.

최소 100일간 반복한다. 100일을 해야 하는 이유는 습관이 자리 잡는 시간이 100일이기 때문이다. 습관에 관한 연구를 보면 동서양이 조금 다르다. 서양인은 평균 66일이고 동양인은 평균 100일이라고 한다. 단군신화에서 곰이 100일 동안 쑥과 마늘을 먹고 인간이 되었다고 하는데, 통계를 근거로 한 나름의 과학적인 이야기였다. 동물도 인간이 되는데 필요한 시간이 100일이다. 100일을 투자하면 새롭게 태어날 수 있다.

　나는 학생들에게 자기 전과 눈을 뜨자마자 '나는 날마다 모든 면에서 점점 더 나아지고 있다'라는 말을 20번씩 반복하라고 권한다. 내 말대로 한 많은 학생이 자기암시를 한 후 실기를 할 때 몸도 가볍고 기분이 훨씬 좋아졌다고 말한다. 진정한 변화의 시작은 나아질 수 있다고 당신에게 암시하는 것부터다. 시간이 지날수록 뭔가 점점 달라지는 것을 느낄 것이다. 자꾸 하다 보면 미세한 변화가 찾아온다. 이 위대한 마법의 주문을 기억하고 생각날 때마다 당신의 정신, 신체, 감각, 두뇌 모두가 나아진다고 느끼며 말하라. 나아진다고 믿을 때 기적이 일어난다. 나는 날마다 모든 면에서 나아지고 있다. 20번. 많이 하면 많이 할수록 좋다. 시간이 없다면 무의식의 특징인 최소 세 번의 반복을 기억하라.

　나는 날마다 모든 면에서 나아지고 있다.
　나는 날마다 모든 면에서 나아지고 있다.
　나는 날마다 모든 면에서 나아지고 있다.

끌어당김의 법칙, 핵심은 feel good

끌어당김의 법칙을 한 번쯤은 들어봤을 것이다. 일체
유심조, 모든 것은 마음에서 지어낸다는 뜻과 비슷하다. 마음속으
로 상상한 것은 현실로 끌어당겨진다. 세계적 스테디셀러가 된 론
다 번의 《시크릿》은 고대부터 숨겨온 끌어당김의 법칙을 소개한다.
지니의 램프처럼 소원을 이룰 수 있는 비밀이 담긴 책이다. 우리의
생각은 감정을 유발한다. 감정은 에너지다. 에너지는 파동을 가지
고 있다. 감정이 안테나가 되어 같은 영역대에 있는 현실을 끌어당
긴다. FM 107.7을 듣고 싶으면 채널을 FM107.7에 맞춘다. 그러면
FM107.7에 해당하는 라디오 프로가 나오는 것과 같다.

뜬구름 잡는 얘기처럼 들리겠지만 과학에서도 이를 증명하고 있
다. 양자물리학에서는 인간을 포함한 세상 모든 만물의 최소단위는
파동 형태의 에너지로 존재하며, 생각도 강력한 에너지라고 말한다.
모든 것은 가능성의 영역에서 에너지로 존재한다. 우리의 생각은

자석과 같아서 생각하는 것을 물리적 세상에 끌어온다.

양자물리학자들은 이중슬릿 실험을 했다. 두 개의 벽을 세워 놓고 앞의 벽엔 두 줄의 긴 구멍을 뚫었다. 그리고 물질의 최소단위인 전자를 그곳으로 쐈다. 그럼 당연히 뒷벽에 입자들이 들러붙어 두 줄이 나와야 정상이었다. 근데 여러 줄인 간섭무늬가 나왔다. 믿을 수가 없었다. 여러 줄이 나온다는 것은 파동일 때만 가능하다. 입자가 어떤 슬릿을 통과하는지 과정을 자세히 확인하기 위하여 관측기를 놓고 다시 전자총을 쐈다. 이번엔 더 놀라운 일이 벌어졌다. 처음의 예상대로 입자 형태인 두 줄이 나온 것이다. 이번엔 관측기를 껐다. 에너지의 형태인 여러 줄 간섭무늬가 나왔다. 최소단위의 전자는 놀랍게도 관찰하면 물질이 되고, 관찰하지 않을 때는 에너지 형태로 존재했다.

고전역학의 대표주자 아인슈타인은 양자역학을 싫어했다. "그럼, 내가 저 달을 보고 있지 않을 때는 에너지로 있다가 보면 달이 된다는 거잖아. 그럼 내가 보고 있지 않을 때 다른 사람이 저 달을 보면 저 달은 어떻게 되는 거야? 있는 거야? 없는 거야?" 그때 이 유명한 말이 나온 것이다. "닥치고 관찰이나 하세요." 왜 그렇게 되는지 누구도 자연의 법칙을 정확히 설명할 수 없다. 과학은 관찰이다. 리처드 파인먼 교수는 이렇게 말했다. "양자역학을 이해한 사람은 아무도 없다고 자신 있게 말할 수 있다." 하지만 아원자의 변화는 누구나 관찰할 수 있는 명확한 자연 현상이다. 2022년 노벨물리학상을 양자물리학자인 안톤 차일링거 교수, 존 클라우저 교수, 알랭 아스

페 교수가 받으면서 고전역학의 대표주자 아인슈타인을 넘어섰다. 아인슈타인이 졌다.

우리가 원하는 일은 가능성으로만 존재한다. 당신이 상상을 통해 마치 있는 것처럼 원하는 것을 시각화하여 관찰하기 시작하면 그것은 물질세계에 실제로 나타난다. 우리가 사용하고 있는 모든 물건이 그 증거다. 누군가의 생각 속에 있던 것들이다. 가능성의 장에서 파동 에너지의 형태로 존재하다가 우리가 살고 있는 물질세계에 창조되었다. 의자, 책상, 종이, 당신이 읽고 있는 이 책까지도 누군가의 상상으로 창조되었다. 미신이라고 여겨졌던 끌어당김의 법칙은 만유인력의 법칙처럼 사실은 굉장히 과학적인 법칙이었다.

그런데 우울증과 불안증을 고치는 것과 끌어당김의 법칙이 무슨 상관이 있는 걸까? 그 이유는 끌어당김의 강력한 자성의 안테나가 바로 감정에 있기 때문이다. 감정은 생각을 통해 나타난다. 당신이 우울한 생각을 하면 우울한 감정을 느낀다. 반대로 말하면 당신이 우울한 생각을 하지 않으면 우울한 감정이 발생하지 않고 우울한 현실은 끌려오지 않는다. 우울한 감정이 느껴지면 가능성의 장에 이 감정이 퍼져나간다. 그러고는 강력한 자성으로 당신이 느낀 감정과 같은 주파수대에 있는 것을 끌어당긴다. 행복함을 느끼면 행복한 일들이 끌려온다. 감사하면 감사할 일들이 끌려온다. 평화로우면 평화로움을 끌어당긴다. 불안하면 불안한 현실이 끌려온다. 내가 18년간 약을 먹는 상황을 끌어온 것처럼 끌어당김의 법칙을 모른다면 당신은 계속 부정적인 현실을 창조하고 또 창조하며 악순환 속에 살지도 모른다.

부정적인 현실이 창조되는 예를 들어보자. 아이를 학교에 태워다 줘야 하는 바쁜 아침. 모두 늦잠을 잤다. 밥도 제대로 못 먹인 게 마음에 걸린다. 8시 50분에는 학교에 들어가야 하는데 현재 시각은 8시 35분이다. 지금 출발해서 빨리 달린다면 겨우 도착할 것 같다. 빨리 준비하라고 소리친다. 늦었는데 아이가 뭉그적거리다 입을 옷이 없다며 투정을 부린다. 아직 옷도 다 안 입었다. 꾹 참고 아무거나 입으라고 하고는 밖으로 나간다. 차에 탔다. 아이가 차에 탄 줄 알고 출발하려는데 타는 중이었고 문도 열려있었다. 하마터면 큰 사고로 이어질 뻔했다. 미안하다고는 했지만 느릿느릿한 아이 때문에 더 화가 난다. 신호가 바뀌질 않는다. 평소보다 차가 많다. 꽉 막혀서 움직이질 않는다. 빠른 길로 가고자 지름길인 좁은 골목길로 들어갔는데 저 앞에서 차가 오고 있다. 당신이 먼저 가면 자연스럽게 서로가 지나갈 수 있는 구간에 갑자기 앞 차가 비집고 들어온다. 당신이 후진하길 바라는 눈치다. 당신은 50미터나 뒤로 가야 한다. 그 차는 10미터만 뒤로 가면 된다. 분노가 머리끝까지 올라온다. 시간은 45분이다. 창문을 열고 차를 빼라고 말하지만, 미동도 없다. 화가 머리끝까지 올라간다. 계속 경적을 울리지만, 미동도 하지 않는다. 그렇게 잠시 대치한다. 너무 화가 난다. 어쩔 수 없이 뒤로 빼려고 하지만 뒤에 차들이 쌓이기 시작하면서 정말 오도 가도 못하는 상황이 된다. 시간은 8시 50분, 지각이다. 후진을 해서 차를 빼다 뒤

차와 접촉 사고가 난다. 아이를 차에서 내리라고 한다. 늦게 준비한 아이가 원망스럽다. 아이한테 화를 내며 학교까지 걸어가라고 말한다. 이런 비슷한 경험을 해봤을 것이다. 화가 나면 화가 나는 일들이 자꾸 창조된다.

끌어당김의 법칙의 핵심인 feel good을 알면 건강도 좋아지고 인생이 행복해진다. 론다 번은 좋은 기분을 유지하는 것이 원하는 것을 끌어당기는 핵심이라고 했다. 좋은 기분을 유지하고 당신이 원하는 것이 이미 당신에게 있다고 믿는 것이다. 이미 받은 느낌은 당연한 느낌이기도 하다. 이미 당신에게 있다는 느낌은 날마다 밥을 먹는 것처럼 당연하게 느껴지는 기분이다. 또는 모든 것을 넘어선 초연한 기분도 좋은 기분에 포함된다. 받아서 좋은 느낌, 당연한 느낌, 초연한 기분이 핵심이다. 기분 좋은 미소를 지으며 자기암시를 한 것처럼 어떤 순간에도 이러한 좋은 기분을 유지할 수 있다면 당신은 우울증과 불안증을 겪지 않을 것이다. 왜냐면 좋은 기분을 유지하면서 동시에 우울할 수는 없기 때문이다. 일본 최대 부자 사이토 히토리 역시 삶의 목적을 즐거움이라고 말한다. 항상 신바람나게 살고 있으며, 원하는 것을 끌어당기려면 주파수를 떨어뜨리지 말라(좋은 기분을 유지하라)고 조언한다.

많은 사람은 끌어당김을 하려고 하지만 좋은 기분을 계속 유지하는 일이 어렵다고 말한다. 왜 그럴까? 무의식에 부정적인 생각들이 많기 때문이다. 무의식은 심장이 뛰듯 내가 의식하지 않아도 자동으로 움직이는 영역이다. 부정적인 생각이 많을수록 자동으로 기분 나쁜 감정이 스멀스멀 올라온다. 원하는 것을 생각할 때도 무의식에 있는 결핍에 의해 기분이 안 좋은 경우들이 많다. 만약 당신이 10억을 원한다면 그 이면에는 '난 돈이 없어'라는 결핍이 묶여 있는 것이다. 당신이 우울증을 극복하길 원한다면 '난 우울해'라는 결핍이 함께 있는 것이다. 이런 숨은 생각들은 우울한 느낌, 분노, 불안한 느낌을 만든다. 특히 어린 시절부터 내면에 쌓인 생각들이 강력한 끌어당김의 재료이다. 우울하고 불안한 생각이 무의식에 가득 차 있는데 의식적으로 '나는 행복하다'라고 말하면, 무의식의 특징에서 설명했듯이 언제나 무의식이 승리한다.

그래서 원하는 것을 끌어당길 좋은 기분을 만드는 방법은 부정적인 생각을 수정하거나 해소한 후 당신이 원하는 생각들로 가득 채우는 것이다. 감정을 바꾸기 위해선 무의식 속 생각을 당신 맘대로 다룰 줄 알아야 한다. 1단계는 무의식에 대한 이해의 단계였다. 이러한 이해를 바탕으로 2단계에서는 무의식에 부정적으로 자리 잡은 생각 바꾸기 작업을 한다. 그리고 실전인 3단계를 거친 다음, 4단계에서 감정 해소, 마음 청소, 그 어느 것도 바꾸지 않고 있는 그대로를 수용하는 작업을 한다. 당신의 모든 것을 있는 그대로 바라보고 인정해 주는 작업이다.

이 모든 단계를 당신이 충실히 해내면 당신은 좋은 기분, 또는 도인처럼 모든 걸 중요하지 않게 여기는 초연한 기분을 습관적으로 유지하게 된다. 2단계, 4단계 작업은 평생 하는 작업이다. 특히 4단계 작업은 당신을 완전히 자유롭게 해준다. 평생 하는 작업이라는 말에 실망했을지도 모르지만, 이 작업은 그 자체로 즐겁다. 괴로움 안에 즐거움이 있다. 왜냐면 당신이 치유되려면 부정적인 감정을 직면하고 흘려보내 줘야 한다. 당신을 우울하게 하는 감정, 불안하게 하는 감정, 분노하게 하는 감정이 나타난다면 억압된 그 감정들을 보내줄 수 있는 절호의 기회기 때문에 어떤 감정도 기쁘게 맞이할 수 있다.

당신의 미래는 당신만이 바꿀 수 있다. 당신은 자석이고 원하는 미래를 창조한다. 생각은 얼마든지 바뀔 수 있다. 감정을 당신 맘대로 조절할 수 있다. 생각을 바꾸면 감정이 바뀐다. 배우들이 실제 일어나지 않은 일을 연기하면서 눈물을 흘릴 수 있는 이유처럼 감정은 만들 수 있다. 생각 바꾸기 작업이 습관이 될 수 있도록 훈련한 후 자신을 온전히 수용한다면 더욱 행복한 삶을 끌어당기게 된다.

제자리 방황을 피하는 법

〰〰〰〰〰 "목표를 새겨라. 당신의 꿈을 잠재의식에 새기면 그 꿈은 무조건 현실이 된다." 철강왕 앤드루 카네기를 비롯한 성공한 사업가 507명을 인터뷰하고 깨달음을 얻은 나폴레온 힐이 한 말이다.

아주 넓은 곳에서 당신의 두 눈을 가리고 한참 동안 걷게 하면 어떤 일이 벌어질까? 당신은 머지않아 제자리로 돌아오게 된다. 같은 자리를 빙글빙글 돌게 되는 것을 '윤형 방황'이라고 한다. 내비게이션에 도착지를 찍지 않으면 내비게이션은 어떤 곳으로도 안내하지 않는다. 목표 없이 당신이 나아지기를 원한다면 이 책을 읽어도 당신에겐 큰 도움이 되지 않을 것이다.

새해가 시작될 때 가장 많이 팔리는 건 스케줄러다. 매년 1월 1일이 되면 너나 할 것 없이 올해 이루고 싶은 목표와 계획을 세운다. 하지만 목표를 세운다고 해도 1년 뒤에 또 같은 소원을 빌고 있는 자신을 발견한다. 3년 뒤의 소원도 같은 소원이다. 5년 전의 당신과 비교해 보면 크게 달라진 것이 없는 제자리걸음을 하고 있다. 윤형 방황 중이다. 심지어 목표를 세우지 않는 사람들도 많다. 목표를 세워봤지만 이뤄지지 않아서 포기했을 수도 있다. 어쨌든 당신은 목표를 세우긴 세웠다. 하지만 그 목표는 이루어질 수 없는 목표였다. 목표는 왜 이뤄지지 않았으며, 이루고 싶으면 어떻게 해야 할까?

목표가 이뤄지기 위해선 첫 번째, 그 목표를 무의식에 새겨야 한다. 원하는 것을 이룬 사람들의 가슴속엔 목표가 명확히 새겨져 있었다. 목표를 새길 때 필요한 것은 앞에서 설명한 대로 반복해야 한다. 매우 단순하고 쉬운 작업이다. 생각날 때마다 중얼거리고, 쓰고, 보면 된다.

현대그룹의 창업주 정주영 회장은 회고록《시련은 있어도 실패는 없다》에서 돈을 벌기 위해 가출했던 경험을 이야기했다. 세 번째 가출에선 회사에 취직하기 위해 아버지의 소 판 돈을 훔쳐 부기학원에 등록했다. 학원에 딸린 기숙사에서 생활하며 책을 읽었다. 돈이 얼마 없던 그는 나폴레옹과 링컨 같은 위인전을 몇 권 사서 반복해서 읽었다. 특히 중요하다고 생각되는 위인들의 생각들만 따로 메모해 밤낮으로 읽고 또 읽어 나폴레옹처럼 성공하겠다는 의지를 가슴에 새겼다.

연 매출 7,000억 사업가인 켈리 최 회장은 저서《웰씽킹》에서 자신이 성공한 원인을 성공한 사람들의 책을 읽은 것이라고 밝혔다. 그들의 책을 반복해 읽으면서 '그들의 생각을 모두 씹어 먹었다'고 표현했다. 매일 자신의 꿈을 지금 일어나고 있는 일처럼 시각화하고 100번 쓰기를 했다. 모두 무의식에 새기는 작업이다.

일본의 유명 카피라이터 간다 마사노리 역시 책《비이성적 성공 법칙》에서 자신이 이루고 싶은 꿈을 종이에 적으라고 한다. 종이에 목표를 적는 행위가 어떻게 목표를 이뤄주는지 이유는 모르겠지만, 적으면 그 꿈은 분명히 이뤄진다고 말한다. 사람들이 "목표를 종이에 적으면 이뤄지나요?"라고 물으면 "무조건 이뤄집니다. 왜 그런지는 모르겠어요. 그러나 아무리 이런 말을 해도 사람들은 무시하고 종이에 적지 않아요. 믿지 않는 것이 안타깝습니다"라고 말했다.

끌어당김의 대가 밥 프록터는 죽기 직전까지 종이에 적은 자신의 목표를 코팅하여 주머니에 넣고 다녔다. 그 안에는 깨알 같은 글씨로 그의 목표가 적혀있었고, 목표가 달성되면 매번 새로운 목표를 적어 주머니에 넣고 다녔다. 그 역시 원하는 것을 적으라고 말했다. 이러한 작업이 반복을 통해서 목표를 무의식에 새기는 작업이다.

꼭 100번, 1,000번을 적어야 하는가에 관한 질문들이 많다. 나는 몇 번을 적는가는 중요하다고 생각하지 않는다. 반복을 통해 무의식에 새기는 작업이기 때문에 생각날 때마다 중얼거리고 잘 보이는 곳에 써두거나 주머니 속에 가지고 다니면 된다.

두 번째, 목표를 중요하게 생각하지 않는 것이다. '이루어지면 좋지만 안 되면 말고!'라고 대수롭지 않은 태도로 과정을 즐기는 것이다. 당신의 무의식에 목표가 새겨졌다면 세상이 당신을 이끌어 준다. 당신은 주어진 것에 최선을 다하기만 하면 된다.

양자물리학자 바딤 젤란드가 쓴《리얼리티 트렌서핑》에서는 자연의 법칙 중 '균형력'이라는 생소한 힘을 소개한다. 우주 만물은 남녀, 선악, 명암, 음양 등 대극을 가지고 있고, 지금의 상태처럼 균형 있고 조화롭게 하려는 작용이다. 당신이 어떤 것에 너무 큰 중요성을 부여하면 한쪽 극으로 무게 중심이 치우친다. 욕심이나 집착이라고 하면 이해가 쉬울 것 같다. 중요성이 생긴 쪽은 무거워져서 저울이 내려간다. 그러면 자연은 균형력을 발동시켜 무게 중심이 치우친 쪽의 무게를 덜어내기 위해 당신이 설정한 중요성을 상쇄시킨다. 당신이 다이어트를 하려고 한다면 살을 빼게끔 하던가, 살을 뺄 필요가 없게 하던가. 둘 중의 하나를 택한다. 자연의 법칙은 가장 효율적인 것을 원한다. 자연은 인간의 편의를 따지지 않는다. 그래서 균형력이 발동하면 인간에게 불리한 방향으로 작동하는 경우가 많다. 그게 더 효율적이기 때문이다.

당신이 살을 빼기로 마음먹었다고 하자. 옆집 순이는 타고난 건지 운동도 안 하는데 몸매가 탄탄하다. 당신도 저렇게 날씬하고 싶다. 다들 날씬한데 당신은 너무 살이 쪄서 보기 싫다. 이놈의 뱃살. 너무너무 살을 빼고 싶다. 남과 비교한다거나 인정받고자 하는 마음은 당신의 다이어트에 기분 좋지 않은 중요성을 부여한다. 끌어당김은 감정이 중요하다. 비교는 좋은 기분, 당연한 기분, 고요하거나 초연한 감정이 아니다. 그러면 균형력이 발동한다. 자연은 가장 손쉬운 방법을 택한다. 오랜 시간 운동하고, 샤워하고, 식단을 조절하고… 이 모든 것을 계획하는 것은 자연의 입장에서 비효율적인 방법이다. 차라리 중요성을 내려놓도록 포기하게 하는 것이 빠르다. 그래서 맛있는 음식을 계속 눈앞에 대령한다. 음식을 보면 군침이 돌고 당신도 모르게 손이 간다. 음식을 입에 넣으면서 생각한다. '인생 뭐 있어? 맛있는 게 몸에 좋은 거지.' 순간 다이어트의 중요성이 사라지며 균형이 맞춰진다. 이것이 균형력의 작용이다.

목표를 설정할 때 중요성을 떨어뜨리기 위해선 조건이나 의존, 비교를 달지 않는 것이 좋다. '다른 사람에게 예쁘게 보이기 위해 다이어트를 해야 해'라는 목표는 다른 사람에게 인정받기 위한 조건이 붙었다. '순이보다 예쁘기 위해 다이어트를 해야 해.' 이번엔 순이와 자신을 비교했다. 순이에 대한 부정적인 질투의 감정은 오히려 질투를 계속하게 만드는 상황을 끌어들인다. '행복해지기 위해선 무조건 다이어트를 해야 해.' 이건 다이어트에 의존하는 것이다. 다이어트가 없어도 행복할 수 있다. 조건과 비교, 의존이 목표에 포함되면 부정적인 감정과 함께 중요성이 부여되기에 균형력의 희생양이 될 가능성이 크다. '건강을 위해 다이어트를 하자'와 같은 순수한 의도의 목표를 설정하자. 상대평가가 아닌 절대평가는 중요성을 만들지 않는다. 쉽게 말하면 목표가 부정적인 감정에서 시작하지 않는다.

세 번째, 순수한 목표를 설정했으면 행동해야 한다. 가만히 앉아서 다이어트가 된 상상만 한다면 균형력은 더 쉬운 방향을 선택해 맛

있는 음식을 당신에게 대령한다. 당신이 어떤 행동을 한다면, 즉 다이어트를 위해 운동을 한다거나 식단을 조절하는 행동을 한다면 그나마 남겨진 중요성이라는 에너지를 당신 스스로 상쇄시킴과 동시에 목표에 대한 안테나가 펼쳐진다. 그럼, 균형력은 전과 달리 포기보다는 다이어트가 된 방향의 가능성을 열어준다.

목표를 설정했는데 불안하거나, 초조하거나, 우울하다면 순수하지 않은 목표일 가능성이 크다. 순수한 목표를 설정했으면 기분이 좋다. 즐겁게 최선을 다하다 보면 세상이 목표를 이루기 위한 기회들을 가져다준다. 세상이 당신에게 좋은 것을 주리라는 것을 믿길 바란다.

무의식의 특징을 고려해 목표를 작성해보자. 우울증, 불안증 치료가 목표라고 가정하고 무엇보다 윤형 방황이 생기지 않아야 한다. 내년, 3년 뒤, 5년 뒤에도 우울증과 불안증 치료가 목적이 되면 얼마나 속상하겠나.

── 첫 번째, 목표는 이미 이룬 과거시제나 현재시제로 작성한다.

두 번째, 좌표에 찍듯이 정확한 날짜와 원하는 바를 작성한다.

세 번째, 조건이나 비교, 의존을 달지 않은 순수한 의도의 목표를 작성한다.

네 번째, 부정적인 면에 초점을 맞추지 말고 원하는 쪽에 초점을 맞춘다.

'나는 2024년 12월에 우울증을 극복했다', '나는 2024년 12월에 우울증 약을 끊었다'와 같은 목표는 세 가지 조건은 달성했지만, 네 번째 조건은 달성하지 못했다. 우울증이라는 부정적인 측면에 초점을 맞추고 있다. 이럴 땐 우울증을 극복했을 때 당신이 무엇을 하고 싶은지를 목표로 적는 게 좋다.

'나는 2024년 12월에 건강한 모습으로 사랑하는 사람들과 즐겁게 파티하고 있다' 또는 '나는 2024년 12월에 스킨스쿠버 자격증을 따서 동호회 사람들과 신나게 스쿠버를 하고 있다' 또는 '나는 2024년 10월에 제주도에서 온 가족과 함께 평온하게 한 달 살기를 했다' 또는 '나는 2024년 12월에 심신이 건강해서 행복하고 감사하다'.

순수한 의도의 목표를 설정하고 균형력이 당신을 돕도록 그에 맞는 행동에 즐겁게 최선을 다해 보자. 목표로 한 일이 이미 달성됐다고 생각하면 기분이 좋다. 좋은 감정은 좋은 일을 끌어들인다. 비교가 들어있는 목표는 당신이 누군가보다 못하다는 느낌을 유발하기 때문에 시작부터 기분이 좋지 않다. '이렇게 돼야 해. 그래야지만 인정받을 수 있어'와 같은 조건 역시 이루지 못하면 인정받지 못한다는 기분 나쁜 결핍의 감정을 내포하고 있어서 기분 나쁜 일을 끌어들이게 된다. 의존은 '이거 아니면 난 우울증에서 나아질 수 없어'와 같이 집착과 무기력을 만든다. 결과물이 빨리 오지 않는다고 조바심을 내면 중요성이 다시 커지면서 균형력을 발동시킨다. 그렇게 되면 당신 행동에 즐거움이 사라지고 중요성만 붙을 수 있으니 주의하자. 당연히 당신에게 올 것이니 대수롭지 않게 생각하자. 이미 이뤄진 것에는 중요성이 약화된다. 목표에 대한 집착을 버리자. 중요성을 내려놓고 염불 외우듯 습관적으로 당신의 목표를 중얼거리자. 결과보다는 과정을 중요하게 즐기자. 이미 무의식에 새겨졌으니 분명 된다. 만약 안 된다고 하더라도 괜찮다는 마음으로 받아들이자. 세계에서 가장 좋은 고등학교가 어딘지 아는가? '안 되면 말고'다. 중요성이 약화되면 삶이 당신을 이끈다. 이 말을 기억하라. 당신의 순수한 목적이 무의식에 새겨졌다면 그때부터는 삶이 당신을 이끌어 준다.

나의 목표는 '영적 성장'이다. 있는 그대로의 나를 사랑할 때 영적 성장은 이뤄진다. 추하고 더럽고 보기 싫은 부분, 나에게 다가온 삶의 모든 것을 온전히 수용하는 작업이다. 평생 천천히 즐겁게 수행하듯 영적인 성장을 이루고 싶다. 당신도 나와 같은 아픔을 가지고 있을 것이기에 함께 영적 성장을 목표로 하면 좋겠다.

내가 이 장을 쓴 더 솔직한 목적은 당신이 각오하길 바라기 때문이다. 중요성을 상쇄시키기 위해 행동하길 바라기 때문이다. 불안증이나 우울증을 극복하고 싶다면 두 팔과 다리를 걷어붙이고 온몸을 물에 적실 각오로 물속에 들어가길 바란다. 인지행동치료는 꾸준히 자신을 관찰하고, 상태를 적어야 한다. 그러기 위해선 각오가 필요하다. 준비가 안 되어 있다면 이 책을 잠시 덮어두고 나중에 읽는 편이 나을지도 모른다. 각오 됐는가? 당신에게 '나아지고 싶다'라는 바람이 있다면 의지가 강력할수록 중요성은 높아지고, 커진 에너지에 맞는 더 큰 행동이 필요하다. 그래야 당신의 행동이 이뤄지는 방향의 균형력이 발동한다. 당신이 마음속에 새기고 즐겁게 움직인다면 윤형 방황은 없다. 준비됐는가? 자, 지금 바로 적어보자. 우울증과 불안증을 극복하는 데 도움이 된다면 내 말을 믿고 최소한의 행동을 해보자. '당신의 목표는 무엇인가?' 잠시 멈추고 적어보자. 지금 당장! 그리고 각오가 됐다면 다음 페이지로 넘어가자.

자동으로 떠오르는 생각들

책을 쓰기 위해 카페에 자리를 잡았다. 7월의 바깥 온도는 35도나 되는데 카페 안은 무척 시원했다. 땀을 많이 흘린 터라 조금 찝찝했지만, 책을 쓰는 내가 뭔가 교양 있어 보여 만족스러웠다. 맞은편에는 어떤 여성분이 책을 읽고 있었다. 5분쯤 지났을까? 노트북에서 눈을 떼고 잠시 정면을 바라봤는데 깜짝 놀랐다. 앞에 있는 여성이 무뚝뚝하게 나를 쳐다보고 있었다. '뭐야? 왜 저렇게 나를 보고 있지? 나한테 뭐 화난 일 있나? 기분 나쁘네.' 다시 모니터를 보며 책 쓰기에 집중하려 했으나 뭘 써야 하는지 기억이 나지 않았다. 앞을 보진 않았지만 계속 나를 보고 있는 것 같았다. 앞에 있는 여자가 자꾸 신경 쓰였다. 고개를 들어서 앞의 여자를 쳐다봤다. 느낌과는 달리 그 분은 책을 읽고 있었다.

어떠한 상황에서 매우 빠르게 자동으로 떠오르는 생각을 '자동적 사고'라고 말한다. 과거의 경험에 의해 자동으로 떠오르는 생각이

나 이미지 형태로 나타난다. 카페에서 어떤 여성이 나를 쳐다봤고 나는 그 여성의 무뚝뚝해 보이는 눈빛을 보자 자동으로 '나한테 뭔가 화난 게 있나?'라고 생각했다. 이렇게 습관적으로 튀어나오는 생각이 바로 자동적 사고다.

자동적 사고의 순기능도 많다. 우리는 TV를 켜기 위해 리모컨을 들고 전원 버튼을 누르고 원하는 채널을 고른다. 아주 빠르고 간단하다. TV 켜는 법을 처음 배우는 아이는 하나하나 생각하면서 해야 한다. '리모컨을 들어야 해. 오른손으로 들면 돼. 리모컨을 TV 쪽으로 향해야 해. 가장 위쪽 왼편에 있는 빨간색 버튼을 눌러야 해. TV가 켜지길 잠시 기다리고 켜지면 채널 상하 방향 표시로 손가락을 이동시켜야 해. 원하는 채널이 나올 때까지 버튼을 천천히 눌러줘.'

자동적 사고가 정상적으로 기능하면 우리 삶에 유용하지만, 왜곡된 자동적 사고는 위험하다. 지난 4월. 술을 마시던 한 남성이 자신의 주머니에 있던 16만 원이 사라졌다며 옆에 있던 여성을 폭행했다. 남성은 이 여성이 돈을 훔쳤다고 오해했다. 여성은 두 달간 병원에 입원해 있었고 그 어떠한 합의도 원하지 않았다. 검찰은 이 남성에게 징역 5년을 구형했다. 이 남자는 확실하지도 않은 상황에 옆에 있는 여자가 자기 돈을 훔쳤다고 지레짐작하였다. 왜곡된 자동적 사고는 사실이 아닌 가짜 생각이다. 가짜 생각은 그를 분노케 했고 여성의 몸과 마음에 큰 상해를 입혔다. 그리고 본인을 감옥에 가뒀다.

우울증이나 불안증도 왜곡된 자동적 사고 때문에 나타난다. 열

악한 환경에 있다고 모두 우울하거나 불안하지 않다. 그 사건을 어떻게 해석하느냐에 따라 달라진다. 우울증, 불안증이 있는 사람들은 자동으로 우울하거나 불안한 생각이 수시로 떠오른다. 그 생각이 사실인지 아닌지는 관심이 없다. 왜냐면 부정적인 감정은 강렬하다. 그 감정이 느껴진 걸 보면 당연한 사실이라고 믿게 된다. 지금 내 앞에 있는 여성이 조금 전에 나를 쳐다봤고 그녀가 나를 기분 나쁘게 생각한다고 확신했다. 그렇기에 기분이 불쾌했다. 나를 쳐다본 건 사실이다. 하지만 쳐다본 이유를 알 수 없다. 어쩌면 책 내용을 음미하고 있었을 수도 있었다. 좋은 아이디어가 떠올라서 고개를 들었는데 나와 눈이 마주쳤을 수도 있다. 어쩌면 나에게 호감이 있어서 쳐다봤을 수도 있다. 어쩌면 나를 아는 사람으로 착각해서 쳐다봤을 수도 있다. 어쩌면 나를 본 게 사실이 아닐 수도 있다. 바로 내 뒤에 있는 남성을 봤을 수도 있다. 어쩌면 내 뒤에 있는 여성을 봤을 수도 있다. 어쩌면 멍하니 있었을지도 모른다. 어쩌면… 어쩌면…. 이렇게 많은 가능성 중에 사실을 확인할 수 있는 유일한 방법은 당사자에게 물어보는 것이다. 나는 사실 확인 없이 가짜 생각을 확신했다. 그리고 나를 기분 나쁜 감옥에 가뒀다.

부정적이고 왜곡된 자동적 사고는 과거에 있었던 부정적인 경험 때문에 생긴다. 특히 어린 시절의 경험이 중요하게 작용한다. 인간은 매우 연약하게 태어난다. 부모님이나 주 양육자에게 온전히 의지하고 살 수밖에 없다. 자신의 힘으로 할 수 있는 것은 아무것도 없다. 이때 부모님이 아이를 온전히 수용하고 사랑해 주고 지지해 준다면 우리는 스스로를 사랑하고 세상을 아름답게 바라보고 미래를 장밋빛으로 볼 가능성이 커진다. 반면 배가 고픈데 밥을 제때 얻어먹지 못하고, 얻어맞는 등 부모님에게 학대받고 자란다면 자신을 가치 없게 여기고 세상을 위험하거나 부정적인 것으로 바라보고 미래를 어둡게 내다보게 된다. 이렇게 세상을 해석하는 틀을 '스키마'라고 한다.

《삶의 덫에서 벗어나 새로운 나를 열기》의 역자이자 스키마 치료의 권위자이신 최영희 교수님은 스키마를 '나와 세상과 미래를 바라보는 눈의 총합'이라고 말했다. 이 책은 내가 인지행동치료를 받을 때 참고하여 읽어보라고 최병휘 원장님께서 주신 책이었다. 당시의 책 제목은 《새로운 나를 여는 열쇠》였다. 이 책은 인생의 덫이라는 스키마에 대하여 아주 구체적으로 다루고 있다.

스키마를 쉽게 말하면 어릴 때 부모님에게 다운받은 프로그램이다. 나와 세상, 그리고 미래를 해석하는 틀이다. 긍정적인 프로그램을 내려받았다면 행복한 해석을 통해 즐거운 삶을 살고, 우울한 생각들로 왜곡된 프로그램을 내려받았다면 모든 현상을 우울하게 해석한다. 불안한 프로그램이라면 불안증이 생긴다. 다음은 상황을 왜곡해서 바라보는 대표적인 인지 오류들이다.

- 상대의 마음을 모두 알고 있다고 생각하는 **독심술 사고 오류**
- 앞으로 닥칠 일이 매우 끔찍할 것이라고 과장하는 **재앙화 사고**

오류

- 어떤 일이 일어날 것이라고 미래를 부정적으로 예측하는 **점쟁이 예언 오류**
- 증거나 근거 없이 부정적인 느낌을 진실이라고 믿는 **감정적 추론 오류**
- 완벽한 기준을 제시하고 최고가 아니면 최악이라 여기는 **흑백논리 사고 오류**
- 절대적인 기준을 세워 놓고 그 기준에 무조건 맞아야 한다는 완벽주의적 **당위 진술(강박적 부담 오류)**
- 자신이나 타인을 부정적인 이름으로 부르는 **명명하기 오류**
- 나의 장점은 모두 무시하고 단점만 바라보는 **장점 무시하기 오류**
- 부정적인 한 가지 측면에만 집중하여 나머지는 무시하는 **정신적 여과 오류**
- 한두 번 경험한 일로 항상 같은 일이 일어날 것이라 예상하는 **지나친 일반화 오류**
- 오류는 아니지만, 제한된 사고로 자신을 힘들게 만드는 **부적응적 사고**

3장부터 자동으로 떠오른 왜곡된 가짜 생각을 찾아서 사실에 가까운 생각으로 바꾸는 작업을 한다.

한 가지 생각에는 두 가지, 세 가지의 오류가 있을 수 있다. 예를 들어 당신이 '저 사람은 내가 무능력하다는 사실을 알고 있어'라는 자동적 사고를 찾아냈다고 가정하자. 당신은 상대의 마음을 알 수 없다. 하지만 상대의 마음을 알고 있는 것처럼 생각하고 있기에 '독심술 오류'를 찾을 수 있다. 그리고 무능력하다는 것은 당신의 장점을 무시한 '장점 무시하기'일 수도 있다. 찾아보면 무능력하지 않고 오히려 능력이 많은 경우가 많다. 그리고 무능력하거나 능력이 뛰어나거나 중간의 모든 가능성은 무시한 흑백논리적인 사고를 하고 있기에 '흑백논리 사고' 오류를 범하고 있다.

'이런 걸 어떻게 알고 찾지?'라고 걱정이 될 수 있다. 나도 몰랐다. 이해 못 한다고 자책할 필요 없다. 당신을 돕기 위해 이 책을 썼다. 하다 보면 점점 쉬워진다. 처음에는 누구나 모른다. 시간이 필요하다. 그리고 왜곡된 생각이 정확히 어느 범주에 들어가는지 몰라도 크게 상심할 필요 없다. 이건 수학 문제가 아니다. 당신이 찾은 생각이 독심술 오류인지, 점쟁이 예언 오류인지, 재앙화 사고 오류인지 잘못 판단을 내리더라도 그 생각이 앞날을 부정적으로 예상하였다는 것 정도만 안다면 생각은 충분히 수정할 수 있다. 처음부터 안 된다고 낙심하지 말라. 당신은 불안과 우울을 극복하기 위해 최선을 다하겠다고 각오했다. 두 발을 모두 물에 담그기로 다짐했다. 시간이 지나면 점점 더 나아진다. 2단계에서 내가 한 생각 바꾸기 작업을 그대로 따라 하다 보면 당신도 곧 생각 바꾸기의 전문가가 된다.

중학교 1학년 때 친하게 지내던 관동이라는 친구가 있었다. 이 친구와 함께 다니면서 매번 다른 사람들이 어떻게 생각하고 있는지 추측하는 놀이를 자주 했다. 어색한 표정을 짓는 학생을 보면서 "쟤 지금 어색해하고 있어. 다 티나", "쟤는 지금 자기 표정이 되게 못생긴 걸 모르나 봐", "입에 저렇게 밥을 묻히고 먹으면 다른 사람들이 싫어할 텐데… 안타깝다", "내가 연락하면 쟤는 분명 싫어할 거야. 난 다 알아"라고 중얼거렸다. 나는 다른 사람의 마음을 읽을 수 있는 능력을 갖추고 있다고 생각했다. 정말 그들이 어떤 생각을 하는지 알고 있다고 믿었다. 심지어 '하나님 감사합니다. 저에게 남의 마음을 읽을 수 있는 능력을 주셔서요. 그걸 모르는 사람들은 바보 같아요'라고 기뻐하며 감사기도를 드렸던 게 아직도 기억에 생생하다. 독심술 오류인지도 모르고…. 돌이켜봤을 때 더욱 안타까운 것은 감사한 이유가 다른 사람들을 보며 '저렇게 행동하면 남들에게 사랑받을 수 없다'고 생각했던 상처받은 아이의 마음이었다.

우리가 하는 생각은 사실이라기보다는 경험에 의한 해석일 뿐이다. 나를 쳐다본 여성에 대해 '하여간 이놈의 인기는'이라며 관심으로 해석한다면 내심 기분이 좋아질 것이다. 해석에 따라 감정이 달라진다. 그리고 모두의 해석은 같지 않다. 그래서 나의 자동적 사고는 정답이 아니다. 즉 우울하고 불안했던 나의 해석도 어린 시절 만들어진 부정적 경험에 의한 해석일 뿐, 정답이 아니란 걸 알아야만 이들과 작별할 수 있다.

왜곡된 자동적 사고를 사실에 가까운 생각으로 수정하기 위해선 먼저 알아차리는 능력을 키워야 한다. 알아차림은 자기 관찰로 가능하다. 오류가 있는지 모르고 오류를 해결할 순 없다. 알아차림은 비싼 능력이다. 당신이 비싼 외제 차를 타고 다니다가 갑자기 차가 멈췄다고 가정하자. 가까운 정비소에 갔다. 정비공은 원인을 모르겠다고 좀 더 큰 정비소로 가라고 안내했다. 그곳에서도 원인을 알 수 없다고 했다. 세 군데를 더 가봤지만 아무도 원인을 알지 못했다. 지인에게 능력 좋기로 소문난 정비소를 소개받았다. 그 정비공은 1분만에 부품 하나를 교체하고 시동을 걸었다. 대단했다. 당신은 안도했다. 하지만 곧 경악했다. 왜냐면 수리비로 600만 원을 요청했기 때문이다. 당신은 부품가격을 물었다. 그러자 정비공이 대답했다. 부품은 13,000원이었다. 나머지 5,987,000원은 고장 난 부위를 알아낸 그의 능력에 대한 비용이라고 말했다. 어이가 없었지만 당신은 600만 원을 낸다. 고장 부위를 알아차리지 못했다면 2억짜리 외제 차는 무용지물이었을 것이기 때문이다. 알아차려야 고칠 수 있다. 당신은 당신을 관찰할 능력을 갖추고 있다. 자동적 사고에서 객관적으로 떨어져 관찰하기만 하면 된다. 알아차림은 쉽다. 당신의 생각을 알아차리려는 반복된 행동이 알아차림 능력을 향상한다.

3장

2단계,
불안과 우울을 없애는
생각 바꾸기

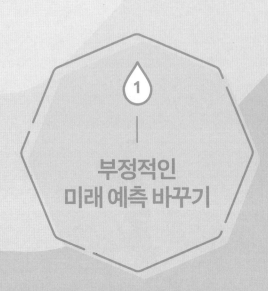

1

부정적인
미래 예측 바꾸기

생각이 바뀌면 감정이 바뀐다
인지행동치료

───∼∼∼∼∼── "선생님, 길동이가요. 제가 자해를 했다고 소문을 내고 다녀요." 자해했냐고 물었더니 고개를 끄덕였다. 어디에 자해했냐고 물으니, 손목을 보여줬다. 20개 정도의 커터칼 자국이 있었다. 학생들은 학교에 입학하면 모두 정서 행동 특성 검사를 시행한다. 이 학생은 우울증과 자살 위험이 큰 관심군으로 분류된 학생이었다. "아이고… 많이 힘들었구나. 상담받고 있다고 했지?" 고개를 끄덕였다. 앞에서 설명한 대로 우울증이나 불안장애가 있는 학생들과 상담하면 항상 같은 것을 묻는다. "인지행동치료라고 들어 봤니?" 역시나 고개를 절레절레 흔든다.

약물 복용의 효과는 일시적이다. 우울증, 각종 불안장애, 공황장애의 근본적인 치료는 현재 우울·불안증 약의 기술력으론 불가능하다. 하지만 인지행동치료를 받은 80% 이상의 환자들은 현저하게 호전되었으며 시간이 지나도 대부분이 잘 지낸다. 정신 심리학계에는 수많은 논문과 치료모델이 있지만, 인지행동치료만큼 성공률이 높고 확실한 치료모델은 찾기 힘들 정도다.

정신분석학의 창시자 프로이트는 정신분석치료를 통해 사람들의 병을 치료했다. 이 방법은 환자를 편안하게 눕혀놓고 오랜 시간 환자의 이야기를 들어야만 했다. 환자는 넘쳐나는데 한 명의 의사가 한 명의 환자만 붙잡고 있어야 했다. 그때 구세주처럼 등장한 이가 있었다. 인지치료의 아버지로 불리는 에런 벡 박사다. 그는 우울증 환자에게서 공통적인 인지 오류 패턴을 발견했다. 불안증이 있는 사람도 마찬가지였다. 에런 벡 박사가 내담자들의 왜곡된 생각을 사실에 가까운 생각으로 바꿔주자, 대부분이 정상적인 삶을 영유할 수 있었다. 이를 토대로 기본 10주에서 12주 교육을 받으면 누구든 자신을 스스로 치료할 수 있는 자가 치료기법을 만들어 냈다.

우리에게 일어나는 사건은 바꿀 수 없다. '저 인간만 없으면… 나는 괜찮을 거야', '그 사고만 없었으면… 나는 괜찮았을 텐데', '그 행사만 안 한다면… 나는 괜찮을 거야'. 많은 사람은 사건만 사라지면 모든 게 해결될 거라고 말한다. '가슴이 두근거린다. 심장이 터질 것 같다. 얼굴이 붉어진다. 몸에 힘이 없고 축 처진다. 손과 발이 떨린다. 목소리가 떨린다'와 같은 신체 증상도 단독으로 바꿀 수 없다. '우울하다. 슬프다. 괴롭다. 두렵다. 공포스럽다'와 같은 감정도 마찬가지다. 사건은 절대적으로 바꿀 수 없다. 하지만 감정과 신체 증상은 생각을 이용한다면 충분히 바꿀 수 있다. 그것이 우리가 해야 할 생각 바꾸기 작업이다.

인지행동치료의 첫 번째 과정이 생각 바꾸기 작업이다. 내가 처음 자동적 사고를 알아차리는 데는 헛갈리고 시간이 걸렸다. 자동적 사고가 너무 빨리 지나가니까 무슨 생각을 했는지 파악이 어려웠다. 하지만 한번 찾게 된 다음부터는 매우 쉬워졌다. 왜냐면 맨날 똑같은 녀석들이 자동으로 올라오기 때문이다.

왜곡된 자동적 사고를 찾았으면, 사실인지 아닌지 질문을 하면서 사실에 가까운 합리적 생각으로 바꾼다. 이 방법은 소크라테스가 사람들에게 깨달음을 주기 위해 사용한 산파법과 비슷하다. 소크라테스는 모든 지혜는 인간 내면에 있다고 믿어 질문을 주고받으면서 진리를 끄집어냈다. 이 모습이 산파가 임신한 여자에게서 아이를 끄집어내는 것과 비슷하다고 하여 산파법이라고 불렸다. 당신이 소크라테스가 되어 자신에게 질문할수록 왜곡된 생각은 사실에 가까워진다. 당신이란 산파가 질문을 통해 건강하게 끄집어낸 새로운 아기를 합리적 사고라고 한다.

처음엔 합리적 사고가 쉽게 믿어지지 않았다. 하지만 반복하다 보니 왜곡된 생각에 서서히 균열이 생기고 가랑비에 옷 젖듯이 스며들었다. 당신이 우울증이 있다면 생각 바꾸기만으로도 극적인 효과를 볼 수 있다. 가벼운 운동까지 병행한다면 금상첨화다. 우울증이 아주 심한 상태라면 운동 먼저 하길 권한다. 생각 바꾸기 작업을 성공적으로 해낼 기초 체력이 필요하다.

당신이 불안증을 극복하고 싶다면 몇 가지 훈련을 더 해야 한다.

이후 과정을 간략히 설명하겠다. **두 번째는 시각화 작업이다.** 두려워하는 상황에 대응할 합리적인 사고를 찾았다면 눈을 감고 시각화한다. 조용한 장소에서 소파에 기대어 눈을 감고 두려운 상황을 상상한다. 신기한 건 상상하기만 해도 불안한 증상들이 올라온다. 심리적인 문제를 극복하기 위해선 무조건 직면해야 한다는 사실을 기억하자. 두려움을 마주할 때 합리적인 사고를 적용한다. 괴로워도 반복하고 또 반복하면 익숙해진다. 익숙해질 때까지 하는 것이 둔감화 훈련이다. 시간이 지날수록 서서히 불안한 신체 증상이 줄어든다. 시각화훈련의 장점은 쉽고, 현실보다 안전하다.

세 번째는 노출 훈련이다. 노출 훈련을 하려면 인지행동치료를 하는 병원이나 상담센터를 찾거나 모임을 만들어야 한다. 같이 치료받고 있는 사람들과 가상의 상황을 만들어 실제처럼 적용해 보는 훈련이다. 발표하는 게 두렵다면 발표하는 상황을 만들고, 술을 받을 때 손이 떨리는 게 두렵다면 술자리를 만든다. 그리고 마음껏 떨어본다. 막상 떨어보면 생각보다 당신이 떠는 모습을 사람들이 잘 모른다는 사실에 놀랄 것이다. 행여나 많이 떤다고 해도 익숙해질 때까지 안전하게 마음껏 떨어볼 수 있다는 장점이 있다. 노출할 때 주의할 점은 미세한 회피를 하지 않는 것이다.

진행자 역할을 하는 사람이 중간중간에 불안이 어느 정도인지 물어보고 객관적으로 불안도를 점검한다. 그리고 그와 동시에 당신을 불안하게 만드는 가짜 생각에 대응할 사고를 물어본다.

— 진행자: (노출하는 도중에) "지금 불안이 1점에서 10점 중 어느 정도예요?"

당신: 8점 정도요.

진행자: 합리적인 사고는요?

당신: '떨어도 돼!'

노출 도중 물어보고 답하는 이유는 두려운 상황에서는 당신도 모르게 습관적인 자동적 사고를 하기 때문이다. 같은 생각은 같은 결과를 만든다. 자극과 반응 사이에 개입하는 것이다.

노출 훈련의 또 다른 장점은 함께 훈련하는 사람들이 당신과 같은 고통을 받고 있음에 얻는 위안이다. 당신만 특별히 문제가 있는 게 아니다. 생각보다 많은 사람이 불안증과 우울증으로 괴로워한다.

네 번째는 실제 상황에서 하는 직면 훈련이다. 실전이다. 평소라면 피하고 싶었을 발표를 자진해서 한다. 술자리에 술을 받을 때 손이 떨릴까봐 꽉 잡았던 잔을 느슨하게 만들어서 마음껏 떤다. 어쩌면 자진해서 두려운 상황으로 들어가야 한다는 이 대목에서 강한 거부감이 들 수도 있다. 나도 그랬다. 하지만 차분히 훈련하다 보면 두려움을 마주할 용기가 생긴다. 용기는 두렵지 않은 것이 아니라, 두렵지만 하는 것이다. 그리고 당신은 시각화와 노출 훈련까지 마쳤기 때문에 더욱 과감해질 것이다. 직면하는 상황마다 합리적인 사고를 떠올린다. 성공적으로 직면하는 순간들이 많아지고 당신은 더욱 용감해진다.

    이것이 인지행동치료의 과정이다. 일련의 훈련 과정을 통해 내가 느낀 점은 우울증과 불안증은 어떠한 상황을 충분히 직면하지 않았기 때문에 발생한 생각의 왜곡이었다. 두려움에 대한 이해가 부족했다. 직면해야만 나아진다는 사실을 몰랐다. 그래서 피하려고만 했다. 내가 강한 척할수록 두려움은 몰려왔다. 피하면 더 초라해졌다. 도망치다 보니 익숙해질 시간이 없었다. 그렇게 굳어진 가짜 생각이 정답이라 여기며 살아왔다.

    사회 불안증이 재발한 후 미세한 회피가 원인이란 사실을 깨닫고 더 이상 미세하게조차 도망치지 않기로 다짐했다. 그렇게 충분히 익숙해지는 과정을 통해 약을 완전히 끊을 수 있었다. 모든 상황에 가슴을 열고 기꺼이 수용하고 익숙해질 때까지 반복한다면 그 무엇도 당신을 괴롭히지 못한다.

    이번 장에서는 내가 불안했던 상황 위주로 인지 오류를 수정하는 방법을 소개하겠다. 당신은 이를 응용해서 당신이 처한 상황에 맞게 자유롭게 적용하면 된다. 이제 본격적으로 가보자.

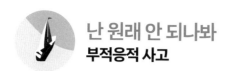

난 원래 안 되나봐
부적응적 사고

〜〜〜〜〜〜〜 나는 IQ가 88이다. 사실 88인지 86인지 잘 모르겠다. 두 자리 숫자인 건 분명하다. 대학생 때 컴퓨터실에서 필수교양으로 기초 컴퓨터 활용 수업을 들어야 했다. 앞쪽에 앉은 학생들은 교수님의 지도에 따라 관련된 지식을 배우고 있었지만, 뒤쪽에 있는 학생들은 창을 두 개 띄워 놓고 게임을 하거나 당시 유행했던 개인 홈페이지 싸이월드를 했다. 나와 혁이란 친구는 어떻게 하게 됐는지 모르겠지만 IQ 테스트를 하게 됐다. 나름 열심히 풀었다. 시험을 보는 기분이었다.

88이 나왔다. 두 자릿수는 원숭이나 지능이 뛰어난 동물들에게서 볼 수 있는 숫자라고 알고 있었는데 두 자릿수라는 건 충격적이었다. 머리가 나쁜 건 알았지만 이 정도일 줄은 몰랐다. 재빨리 창을 닫았다. 부끄러웠다. 갑자기 뒤가 궁금했다. '혁이는 몇 점일까?' 다행이었다. 혁이도 두 자리였다. 안도감이 들었다. 나만 멍청한 건 아니니까…. 혁이는 내 점수를 못 봤다. 이때다 싶어 신나게 놀렸고 혁이는 이건 뭔가 잘못된 거라며 창을 급히 껐다.

어릴 때부터 공부를 못했다. 그래서 나는 내 머리는 나쁘다고 부적응적인 사고를 갖고 있었다. 부적응적인 사고는 왜곡된 사고는 아니다. 공부를 못했으니까 못했다고 하는 것이다. 부적응적인 사고가 문제가 되는 건 어떤 일을 하려 할 때 날 방해한다. 그러면 무기력해지거나, 깊은 불안감을 느낀다.

부적응적 사고는 '나는 IQ가 88이야. 지능이 낮아', '나는 지금까지 누구에게도 깊이 있는 생각을 말해본 적이 없어. 나는 정신적으로 문제가 있어', '내가 이렇게 심한 불안을 느껴야 하는 건 공평하지 못해', '불안을 극복하기 위해 훈련하는 건 힘든 일이야'와 같은 생각들이다.

왜곡된 생각을 수정하려는 2단계에서 부적응적인 사고에 대해 먼저 다루는 이유는 고정적으로 자리 잡은 제한된 생각을 수정하는 것이 생각을 바꾸는 데 도움이 되기 때문이다. 'IQ가 88이다'라는 생각은 '나는 머리가 나쁘다'라는 인식을 깔고 있으므로, 책을 읽거나 공부하거나 머리를 써서 어떠한 문제를 해결하려 할 때 자신을 제한하는 사고로 작용한다. '머리가 나쁘니 이해가 안 되는구나. 머리가 나빠서 시간을 들여도 이해를 못 하는 거야.' 그리고는 더 이상 노력을 하지 않는다. 좋아질 것이라고 생각을 못한다. 시도를 안 하면 결국 발전이 없고 무능한 결과물을 받게 된다.

IQ가 낮다고 평생 발전할 수 없을까? 예전에는 대부분의 사람이 뇌의 성장이 어린 시절에 끝난다고 생각했다. 하지만 최신 뇌과학의 발달로 신경 가소성이 발견되면서 죽을 때까지 뇌를 개발할 수 있다는 사실이 밝혀졌다. 천재 음악가들의 전유물이라고 여겨진 절대음감도 배우면 누구나 할 수 있는 스킬이라는 사실이 밝혀졌다. 아인슈타인과 에디슨의 어린 시절 성적표를 보면 낙제점투성이었다. 학교생활에 적응도 못 했다. 공부를 못했던 이들이 혁신적인 이론과 발명품으로 세상을 변화시켰다. IQ 역시 특정한 영역의 공부를 많이 하면 향상된다.

노력하면 발전할 수 있다는 말을 들으면 적극적으로 공감하고 고개를 끄덕인다. 주변 사람들에게도 내 자식에게도 노력하면 성공하고 발전하고 원하는 것을 얻을 수 있다고 노력 전도사처럼 자신 있게 전파했다. 하지만 정작 나는 자신 없어 하는 일이나, 한번 못했던 일을 하게 될 때는 나도 모르게 제한적으로 생각했다. '난 이거 못하는데', '난 글을 못 써', '난 구기종목 운동을 못해', '나는 노래가 늘지 않아. 아무리 연습해도 안 돼'. 어릴 적 아버지와 할머니는 머리와 재능은 타고난다고 말했다. 이 생각은 내 무의식에 깊게 자리 잡았다.

자기암시에서 소개한 에밀 쿠에의 '나는 날마다 모든 면에서 점점 더 나아진다'를 매일 같이 반복하다 보니 서서히 작은 변화가 나타났다. 아버지와 할머니가 심어준 성장할 수 없다는 생각들이 옆으로 쓱 밀어지면서, 날마다 조금씩 성장한다는 생각이 자리 잡기 시작했다. 자기 초월의 힘이 생기며 글을 못 쓴다고 생각한 내가 책을 쓰고 있다. 성장형 사고로 바뀌었기에 가능한 일이다.

얼마 전 제한된 사고를 발견한 순간을 이야기해 보겠다. 학교에는 상조회가 있다. 선생님들의 경조사를 챙기고 스승의 날이나 연말에 같이 식사할 수 있게 계획하는 모임이다. 어찌하다 보니 추천을 받아 부회장이 되었다. 김미현 회장님은 당구를 좋아하는 멋진 여성분이다. 당구장에 가면 연인들이 재미로 포켓볼을 치는 것을 빼면 여자는 눈 씻고 찾아봐도 없다. 회장님과 함께 한 달에 한 번 또는 두 달에 한 번 주기적으로 당구 모임을 했다. 당구 실력은 회장님이 80, 총무는 150, 나는 80에서 100을 왔다 갔다 했다.

내가 당구를 시작한 건 중학교 2학년 때였다. 학교가 끝나면 당구장으로 가서 열심히 쳤다. 하루는 친구들과 내기 당구를 해서 5만 원을 물렸다. 사용료가 30분에 3,000원이었으니 8시간 이상을 친 것이다. 그 당시 5만 원은 막노동 하루 일당이었다. 외상을 하고 휴일 아침에 인력소에 나갔다. 종일 돌을 들고 나른 후 받은 돈을 당구장에 갚았다. 허무했었다. 그렇게 열심히 했건만 당구 실력은 80이었다. 나는 원래 축구도 못하고, 농구도 못하고, 구기 종목을 못하니 당구도 못 한다고 생각했다. 재능 탓을 하고 있었다.

오랜만에 회장님과 당구를 치다가 나의 부적응적 사고를 알아차리고 스스로 놀라 소스라쳤다. 공을 얇게 맞히려고 하는데 '나는 원래 공 두께 조절을 잘 못하잖아'라고 생각하고 있었다. 좀 더 예민하게 생각을 관찰했다. '안 맞을 것 같은데…', '아… 어려워', '난 원래 당구를 못하잖아'라고 지껄이고 있었다. 당구를 시작한 지 도대체 몇 년인가? 당구공을 어디로 치고 어디로 보낼지 당구 길도 실력자 수준으로 볼 수 있다. 막노동 당구지 않은가? 근데 난 왜 공을 치기도 전에 안 맞을 것 같다고 부정적인 예상을 하는가? 난 원래 당구를 못 한다고 왜 나의 실력을 제한하고 있는가? 치면서 분명히 실력이 향상될 거다. 그러나 향상된다는 생각은 애초에 하지도 않고 있었다. 내 당구 실력은 80이라고 못 박고 있었다. 너무 놀라서 회장님한테도 말했다. "제가 공을 치기도 전에 안 될 것 같다고 생각하고 있었어요." 회장님은 그 말의 참뜻을 이해하시진 못했을 것 같았지만… 미소 지어 주셨다.

'당구를 못 친다' '안 될 것 같다'라는 생각을 수정했다. '난 오래 당구를 쳤어. 내가 못 한다고 제한해서 그렇지, 하다 보면 늘어. 오늘도 난 정확히 맞출 수 있어. 잘 들어갔던 적도 많잖아. 안될 것도 없지. 대충 저 정도를 치는 게 아니라 정확히 저기를 칠 거야.' 모든 공이 잘 맞기 시작했다. 놀라웠다. 가장 먼저 스리쿠션에 들어왔다. 당구 게임의 마지막에 내가 치는 흰 공을 당구대 벽에 세 번 튕기고 빨간 공 두 개를 맞춰야 최종승자가 된다. 그냥 맞추기도 쉽지 않은데 벽을 세 번 맞춘 뒤 공을 맞혀야 하니 난이도가 높은 미션이다. 역시나 생각을 바꿨다. 원래는 공이 돌면서 벽을 세 번 맞든 네 번 맞든 운이 좋으면 들어갈 것을 기대하며 어림잡아 쳤었다. 하지만 이번엔 달랐다. '정확히 세 번 벽에 맞는 길로 칠 거야'라고 대충이란 마음을 버렸다. 정확히 들어갔다. 전보다 성공률이 매우 높아져서 나를 포함한 모두가 놀라워했다. 100을 넘어서 120으로 올릴 때가 됐다고 말할 정도였다.

어린 시절 나와 같이 당구를 쳤던 친구들은 300, 500이다. 근데 나만 80이었다. 이게 제한된 사고의 무서움이다.

1만 시간의 법칙에서는 제대로 된 훈련과 피드백을 통해 1만 시간을 한 분야에 쏟으면 무조건 성공한다고 말한다. 여기에 하나 더 추가되어야 한다고 생각한다. 부적응적 사고를 먼저 바꿔야 한다. 이 제한된 고정적 사고를 바꾸지 않으면 아무리 많은 시간과 노력을 퍼부어도 발전할 수 없다. 제한된 생각을 알아차리는데 커다란 작용을 한 것은 앞서 소개한 에밀 쿠에의 '나는 날마다 모든 면에서 점점 더 나아지고 있다'이다. 계속 중얼거리자. 가장 쉬운 자기 초월법이다. 반복을 통해 제한을 풀자. 한계를 풀고 부적응적 사고들을 날려버리자. 당신은 얼마든지 성장하고 발전할 수 있다. 당신은 매일매일 날마다 당신이 하고자 하는 것은 뭐든지 좋아지고 뭐든지 나아진다. 당신이 하고자 하면 당신은 무엇이든 할 수 있다. 인간은 누구나 무한한 잠재 능력을 갖추고 있다. 당신은 성장한다. 무의식은 어렵다고 생각하는 것은 할 수 없다고 했던 말을 기억하자. 당신은 어떤 제한적 생각들이 있는가?

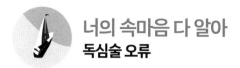

너의 속마음 다 알아
독심술 오류

〰〰〰〰〰 '눈빛만 봐도 알 수 있잖아~ 옷깃만 스쳐도 우린 느낄 수가 있어.' 1980년대 히트했던 도시아이들의 〈텔레파시〉라는 노래 가사다. 나는 눈빛만 봐도 상대방의 마음을 알 수 있다고 믿었다. 정말 독심술을 가진 줄 알았다. 독심술이란 표정이나 얼굴 근육에 나타나는 미세한 움직임을 보고 남의 생각을 알아내는 술법이다. 반복되는 일부 행동들에 대해 어느 정도 예측이 맞는 경우도 있지만, 상대의 생각을 정확히 알기는 어렵다. 독심술 오류를 가진 사람들은 자신이 남의 속마음을 확실히 알고 있다고 생각한다.

독심술 오류가 있는 사람들은 타인이 자신을 부정적으로 생각한다고 믿는 경향이 강하기 때문에 대인관계가 좋지 못하다. 겉으로 내색하진 않더라도 마음속으로는 계속 상대를 경계하며 홀로 스트레스를 받는다. 타인이 자신을 부정적으로 생각할 것이라는 가짜 생각을 의심 없이 믿는다. 당신 주변에 당신을 싫어하는 사람이 한 명쯤은 있을 것이다. 그 사람과 좋은 관계를 유지하고 있는가? 아닐 것이다. 어쩌면 당신을 싫어하는 상대를 증오할지도 모른다. 그렇다면 이건 어떤가? 상대가 당신을 싫어하는지 아닌지는 확실치 않다. 하지만 당신은 독심술 오류를 발동시켜 상대방이 당신을 싫어한다고 생각했다. 과연 그 사람과 사이가 좋을 수 있을까? 역시나 아닐 것이다. 이것이 바로 독심술 오류가 무서운 이유이다.

상대방의 마음을 읽을 수 있다고 생각하는 것은 사실 상대의 생각이라기보다는 당신이 주로 하는 생각들이다. 이런 상황에서 이렇게 했으니 저 사람도 지금 이런 상황에서 이런 마음을 먹고 있을 것이라고 투사하는 것이다. 평생을 같이 산 부부도 상대의 마음을 다 알아챌 수가 없다. 오히려 상대의 마음을 알고 있다고 생각하기 때문에 상대방에게 아무런 말도 하지 않고 내 입맛대로 판단한다. 그리고는 퉁명스럽게 대한다. 독심술로 인해 상대방의 의도와 전혀 다른 해석을 하며 오해하기에 상대는 억울하고 기분이 나쁘다.

결혼한 지 2년이 조금 못 되었을 때 아내와 돈 문제로 다툰 적이 있었다. 아내는 아이를 키우면서 일을 할 수 없는 상황이었고 생활비가 더 필요한 상황이었다. 아내는 자신이 일을 할 수 없는 현실에 답답함을 느끼고 있었다. 하지만 정작 나는 독심술을 사용하여 멋대로 해석하고 있었다. '내가 돈을 얼마 못 번다고 나를 무능력자로 생각하고 있어.' 한참을 조용히 있다 용기 내어 말했다. "당신은 내가 무능력하다고 생각하고 있잖아. 다 알아." 아내가 황당한 표정으로 말했다. "오빠를 무능력하게 생각한 적 없어. 나는 그냥 내 일을 하고 싶은 거야. 그건 그냥 오빠 생각일 뿐이라고…" 나는 몇 차례 더 추궁하듯 말했던 기억이 난다. "그냥 솔직히 말해. 내가 무능력해서 돈을 못 버는 거라고…" 나는 당시 인지행동치료를 받던 중이었다. "오빠, 그건 오빠 생각이라고…" 순간 커다란 망치로 머리를 맞은 것 같았다. '아…. 독심술 오류다!' 머리로는 알고 있었지만 나에게 적용하지 못하고 있었다. 알면서 당한 기분이었다.

나는 독심술 사고를 많이 갖고 있었다. '나를 이상한 사람이라고 생각하고 있어', '내가 말을 더듬었다고 나를 무식하다고 생각하는 거야', '나를 무능력하다고 생각하고 있어', '표정이 안 좋은 걸 보니 나한테 화가 나 있어', '저 두 사람 내 욕을 하는 게 분명해', '표정을 보니 나를 어색해하고 있어', '나를 싫어하는 게 분명해', '나와의 대화를 지루해하고 있어', '나를 못생겼다고 생각하고 있어', '나 때문에 짜증을 내고 있어', '내 발표를 지루해하고 있어', '딴짓하는 걸 보면 내가 발표를 잘 못 한다고 생각하는 게 분명해', '나에게 뭔가 문제가 있다고 생각하고 있어', '나를 어려워하고 있어', '나를 불편해하고 있어', '나를 볼품없다고 생각하는 게 분명해', '나를 불쌍하게 보고 있어', '내가 낄 자리가 아닌데 꼈다고 눈치 없다고 생각하고 있어', '지금 무표정한 나를 보고 기분 나쁘다고 생각하고 있어', '표정을 보니 저 사람은 내가 무슨 생각을 하고 있는지 알고 있어', '내가 자격이 없다고 생각하고 있어' '나의 무능함을 알고 있어'…. 내가 주로 했던 대표적인 독심술 사고다.

왜곡된 가짜 생각을 찾았으면 합리적인 사고로 바꿔야 한다. 이게 2단계의 주요 작업이다. 처음 생각 바꾸기 작업을 할 때는 내가 하는 방법을 그대로 따라 하길 바란다. 먼저 당신의 생각을 관찰해야 한다. 인지 오류를 발견했다면 왜곡된 생각과 대화를 시도한다. 왜곡된 생각을 찾기가 힘들다고 말하는 사람이 많다. 팁을 주자면 감정을 활용하면 쉬워진다. 대표적인 부정적 감정은 불안, 우울, 분노이다. 이 감정이 느껴지면 지금 어떤 생각을 하고 있는지 들여다볼 타이밍이다. '아내가 나를 무능력자라고 생각하고 있어'라고 생각할 때 나는 분노와 우울감을 느끼고 있었다.

생각 바꾸기 작업을 할 때 당신이 기억해야 할 부분이 있다. 한 가지 생각에 여러 가지 인지 오류가 있을 수 있다. '나를 무능력자로 생각하고 있어'라는 생각은 독심술 오류가 있고, 명명하기 오류도 있다. 나를 무능력자로 명명하면서 평가절하하여 낙인찍고 있다. 그리고 흑백논리 오류도 범하고 있다. 능력자와 무능력자로 나누는 이분법적인 사고를 하고 있다.

한 가지 생각에 여러 가지 왜곡된 생각이 있더라도 공략할 땐 한 번에 하나씩 차분히 공략해야 한다. 생각 바꾸기 작업을 하다 보면 마구잡이로 질문을 던지게 된다. 독심술 오류라는 것을 찾아냈으면 '사람은 타인의 마음을 알 수 없다'라는 한 방향으로 질문의 흐름을 잡아야 하는데, 갑자기 흑백논리 오류를 수정하는 질문을 하면 삼천포로 빠질 수 있다. 꼬인 실타래처럼 풀기 어려워진다. 시간이 오래 걸리고, 초보자들은 포기하는 경우도 생긴다. 한 가지 오류에 초점을 맞추고 공략하는 것이 확실한 방법이다. 익숙해지면 두세 가지 생각의 오류를 한 번에 흘러가는 대로 쫓아도 된다. 처음에는 잘 안될 수도 있다. 하지만 하다 보면 점점 더 쉬워진다. 처음엔 누구나 시간이 필요하다.

생각 바꾸기 작업은 사실을 밝혀내는 작업이다. 건강한 자아가 되어 왜곡된 가짜 생각에 말을 건다. 건강한 자아에게 멋진 별명을 지어주자. 나는 '수호 탐정'이라고 하겠다. 로나 번의 자서전《수호천사》에서는 이 세상에는 눈에 보이지는 않지만, 무수히 많은 수호천사가 있다고 말한다. 다만 수호천사는 인간의 자유의지를 존중해서 도움을 요청해야만 도움을 준다고 한다. 믿거나 말거나 손해 볼 것은 없으니, 당신을 보호해 줄 전담 수호천사를 불러보자.

'수호 탐정'에겐 왜곡된 사고를 공략할 무기들이 있다. 앞으로 당신이 독심술 오류에 사용할 주요 질문 무기들을 소개하겠다.

[자동적 사고 공략]

- 인지 왜곡 종류: 독심술 사고 오류
- 왜곡된 가짜 생각: 나를 무능력자로 생각하고 있어.
- 독심술 공략 도구: 100% 확실해? | 증거 있어? | 반대되는 증거는? | 다른 가능성은?

    (*필요할 때는 다음에서 소개하는 다른 공략 도구를 사용해도 된다.)

자, 수호 탐정이여. 사실을 한번 밝혀내 보자!

수호 탐정: 너를 무능력하다고 생각하는 게 **100% 확실해?** | **독심술 자아:** 응. 100% 확실해. | 정말 100% 확실하다고? | 100% 확실한 거 같아. | '같아'는 안 돼. | 좋아, 100%가 아닐 수도 있어. | 왜? | 아내는 자신이 일을 해서 돈을 벌고 싶다고 말했거든. | 그럼, 네가 돈을 못 번다고 말하는 게 아니라 아내가 돈을 벌고 싶다고 말하는 거잖아. 근데 왜 자꾸 100% 확실하다고 해? | 거짓말하는 것 같아. 나에게 미안하고, 내가 민망할 것 같으니까 그렇게 말하는 거 같아. | 그런 것 같다는 느낌일 뿐이잖아. 지레짐작이네. | 아니, 정말 그런 것 같아. | 그럼, **증거 있어?** | 나를 보는 표정이 안 좋잖아. | 아이 때문에 일을 할 수 없는 자신에게 무력감을 느끼고 있으니, 표정이 안 좋은 거 아닐까? | 나를 원망하듯 말하잖아. | 너를 원망한다고 말하지 않았잖아. | 근데 그렇게 느껴져. | 느껴지는 거지 사실이 아니잖아. 감정적으로 추론하는 거야. 증거라고 말하는 것들이 모두 느낌뿐이잖아. | 그렇긴 해. 그런데 썩 내키진 않아. | 좋아, 그럼 내키지 않겠지만 **반대되는 증거는?** | 음…. 반대 증거는 아내가 자신이 일을 못 하고 있어 답답하다고 말하고 있어. | 그건 사실이네. | 맞아…. | 또 **반대되는 증거는?** | 이전에도 자주 일을 하고 싶다고 말했어. | 그건 모두 사실이네. | 맞아…. | 사실만 정리해 볼까? | 아내는 나를 무능하다고 생각하고 있지 않아. 그건 내 생각일 뿐이야. 아내는 일을 하고 싶어 해. 느낌은 사실 같지만, 사실이 아니야. 아내의 말만 믿으면 돼. 나는 남의 생각을 알 수 없어! | 좋아. 그럼, 자신이 증거

없이 남의 마음을 읽고 있다는 생각이 들면 어떻게 합리적인 사고를 생각하면 될까? | 느낌은 사실이 아니야. 난 남의 생각을 알수 없어. 상대방의 말을 믿자. | 좀 더 줄인다면? | 남의 생각을 알수 없어.

➜ 독심술 오류에 대응할 합리적 사고: 남의 생각을 알 수 없어.

합리적 사고는 대응하기 쉽게 최대한 짧게 만든다. 너무 길면 순간적으로 생각해 내기가 힘들기 때문에 문장을 최대한 줄이는 게 좋다. 독심술 사고가 떠오르면 당신은 이렇게 말하면 된다. '난 남의 생각을 알 수 없어!'

아내는 솔직한 답을 해줬지만 나는 몇 번이고 이를 거부하고 진실이 아니라고 생각했다. 난 아내의 생각을 알 수 없다. 독심술 사고는 참 무섭다. 나는 분명 확신했었다. 인지행동치료를 몰랐다면 평생 오해하고 부정적으로 해석하면서 살았을 것이다. 상대방이 나를 부정적으로 보고 있다고 믿는데, 어떻게 서로의 관계가 좋을 수 있을까? 상대방의 생각이 궁금하면 물어봐야 한다. 상대의 생각을 알수 있는 가장 확실한 방법은 직접 물어보는 것이다. 남들에게 전해들을 수도 있지만 와전되거나 왜곡될 수 있다. 세 사람만 건너면 없던 호랑이가 나온다는 옛말이 있지 않은가. 상대의 생각이 어느 정도 읽히는 상황이더라도 섣부르게 판단하지 말자.

눈치가 없어도 된다. 눈치껏 하지 말자. 오해하고 사는 것보다 눈치 없이 사는 게 낫다. 모르겠으면 물어보자. 그리고 대답을 들었다면 그 말이 사실인지 아닌지 판단하지 말자. 당신은 독심술사가 아니다. 상대방의 생각을 알 수 없다. 복잡하게 생각하지 말자. 사기꾼과 대화하는 것도 아니고 의심할 필요 없지 않은가? 그냥 믿자. 그것이 당신 마음이 편한 길이다. 물어볼 용기가 없다면 독심술로 알아챈 생각이 상대방의 생각이 아니라 당신의 생각이라고 받아들이자. 그리고 당신의 가짜 생각을 수정하라. 그것이 관계를 살리는 길이다. 그리고 그것이 당신을 살리는 길이다.

당신에게 독심술 사고 오류가 있다면 내가 한 것처럼 당신의 독심술 사고를 대입하여 생각 바꾸기 작업을 진행하면 된다. 나는 대부분의 인지 오류를 가지고 있는 종합 인지 오류 선물 세트같은 사람이다. 당신에게 분명 큰 도움이 될 것이다. 앞으로 소개할 여러 가지 인지 오류에도 당신이 해야 할 생각 바꾸기 작업은 같다. 처음에 잘 안 된다고 당신이 멍청하다거나 재능 없다고 한계 짓지 마라. 반복해서 하다 보면 점점 쉬워진다. 당신은 자기를 초월할 수 있는 무궁무진한 힘을 가지고 있다.

너무 끔찍해!
재앙화 사고 오류

〰〰〰〰〰 '교통사고가 나서 우리 가족이 모두 죽으면 어쩌지?'
고개를 절레절레 흔든다. 운전하고 가다 보면 가끔 끔찍한 생각이
든다. 재앙화 사고 오류는 일어나지 않은 일에 대하여 매우 끔찍한
일이 일어날 것이라고 과장하는 생각이다. 증거도 없다. 무작정 자
신이 가장 두려워하는 일이 벌어질 것이라고 예상한다. 졸음운전을
하는 것도 아니고, 차선이나 속도를 위반하지도 않았다. 안전하게
운전하고 있다가 불쑥 들어온 생각이다. 물론 교통사고란 게 언제
어떻게 발생할지 모른다. 하지만 통계적으로 보면 사고가 나더라도
사망사고보다 가벼운 접촉 사고일 가능성이 크다. 사고는 나지 않
았고 희박한 가능성에 불필요한 걱정과 불안, 가슴이 찢어지는 고
통을 느끼고 있었다. 재앙화 사고는 불안과 우울감, 고통스러운 감
정을 동반한다.

　당신의 친한 친구가 솔로인 당신을 위해 특별히 소개팅을 주선

했다고 가정하자. 주선자는 당신과 잘 어울릴 것 같다며 잘해보라고 응원해 줬다. 오늘이 바로 소개팅 날이다. 당신은 첫인상을 매우 중시하는 사람이다. 설렌다. 옷도 잘 챙겨 입고 나름대로 열심히 꾸몄다. 그런데 약속 장소에 도착해 거울을 보니 맘에 안 든다. '첫인상이 좋지 못하면 끝장이야. 왜 갑자기 이렇게 초췌해 보이지. 아…. 망했어. 날 싫어할 거 같아'라는 재앙화 사고가 발동했다. 외모가 조금 초췌하다고 모든 소개팅이 망하진 않는다. 상대방은 그 외모를 맘에 들어 할 수도 있다. 설령 상대방이 당신의 외모에 대해서 조금 실망했더라도 당신의 성격이 맘에 들 수 있다. 누군가는 쾌활한 성격을 좋아하지만, 누구는 조용하고 수줍음이 많은 성격을 좋아한다. 상대가 어떤 스타일을 좋아할지 당신은 알 수 없다. 그리고 당신을 잘 아는 주선자가 당신과 잘 어울릴 것 같다고 했으니, 당신의 성격을 좋아할 수도 있다. 그런데 당신은 다른 가능성이나 덜 부정적인 측면은 전혀 고려하지 않고 파국적 결말을 예상하며 스트레스를 받고 있다.

당신이 끔찍하다고 생각한 일은 과장된 경우가 많다. 이성에게 차이는 게 끔찍하게 느껴지겠지만 냉정하게 생각하면 세상의 절반이 남자 또는 여자다. 한 달 뒤에도 소개팅했던 이성을 기억하며 힘들어할까? 그렇다고 한다면 1년이 지나고 나서도 소개팅했던 그 사람을 기억하며 괴로워할까? 아닐 것이다. 그 순간 또는 며칠간 정신적으로 고통스러울 수 있지만 그뿐이다. 당신에게 진짜 끔찍한 일은 신체의 손상이다. 사고나 병으로 당신의 수족을 잃는다면 그것은 끔찍한 일이다. 주변에서 사랑하는 사람이 죽는다는 것도 끔찍한 일이다. 그리고 그런 끔찍한 일이 벌어진다 해도 우린 살아갈 수 있다. 살아가고 있다. 그리고 살아진다.

나는 재앙화 사고가 잦아서 삶이 고단했다. 세상의 여러 일들에서 최악의 결말을 예상했다. 다음은 내가 했던 대표적인 재앙화 사고다. 당신의 생각도 체크해 보길 바란다.

'긴장하는 나를 보면 끔찍하다고 생각할 거야', '불안한 모습을 보여주면 나약한 겁쟁이로 볼 거야', '떠는 것을 들키는 건 끔찍한 일이야', '한 번 실수하면 공황 상태가 될 거야', '실수하면 절대 대처할 수 없어', '쓰러질 수도 있을 것 같아', '내 진짜 모습을 알면 나를 싫어할 거야', '발표하다가 생각이 안 나는 건 너무 끔찍해', '학생들 이름을 기억 못 하는 건 끔찍해', '실수하면 나를 머저리같이 볼 거야', '대화하다가 어색해지는 건 정말 끔찍해', '떨거나 얼굴이 붉어지면 이상하게 생각할 거야', '질문에 제대로 대답을 못 해주면 바보 멍청이로 생각할 거야', '내가 잘못하면 가족들이 길거리로 쫓겨날 거야', '나는 뭘 해도 안 될 것 같아', '내 주장을 펼치면 싫어할 거야', '나는 망했어', '나는 잘릴 거야', '망신당하는 건 끔찍해'.

이 외에도 사람들은 재앙화 사고를 많이 한다. '누군가가 나를 좋아하지 않으면 끝장이야', '이렇게 괜찮은 사람을 절대로 다시 만날 순 없어', '시험을 망치는 건 끔찍해', '멍청해 보이면 망하는 거야', '잘 해내지 못하면 다들 나를 비웃을 거야', '시험을 못 보면 인생

망하는 거야', '모두 나를 떠날 거야', '모두가 날 싫어할 거야', '나는 끝이야. 절대로 직업을 갖지 못할 거야', '나는 혼자 늙어 죽을 거야', '강도를 만날 것 같아', '여행을 가다가 큰 사고를 당할지도 몰라', '비행기를 타면 온 가족이 죽을지도 몰라', '어린 자녀가 탈선할 것 같아', '평생 진급도 못 하고 죽을 거야'.

누군가 당신을 싫어하고, 당신을 해치고, 커다란 사고로 누군가 죽는다면 얼마나 두렵고 고통스러울까? 재앙화 사고는 최악의 일이 벌어진 것과 비슷한 감정을 수반하기 때문에 삶이 고통스럽다. 재앙화 사고는 찾기가 쉽다. 불안한 상황에서 알아차린 생각이 '큰일 났어', '망했어', '끔찍해', '미치겠어'라면 재앙화 사고를 하고 있을 가능성이 크다.

나의 대표적인 재앙화 사고를 공략해 보자. 학생들의 발표회가 일주일쯤 남은 시점이었다. 발표회만 생각하면 심장이 두근거렸다. 발표회 날에는 모든 학생과 학부모가 모인다. 그 앞에서 발표회를 소개하고 진행해야 한다. 생각만 해도 불안감이 몰려왔다. 말을 잘할 수 있을까? 말이 꼬여서 엉뚱한 말을 할 것 같았다. 말하다 끊어지는 않을까 걱정했다. 내 전문 분야인데도 제대로 설명 못 할 것 같은 느낌이 들었다. 할 수만 있다면 안 하고 싶었다. 하지만 어떻게 무엇을 안 한단 말인가? 불을 보듯 분명히 떨릴 것이다. 떠는 건 정말 끔찍하다. 사람들은 떠는 나를 보며 문제가 있다고 생각할 것이다. 덜덜 떠는 바보, 멍청이, 겁쟁이로 볼 것이다. 정말 끔찍했다. '떠는 건 끔찍해. 사람들이 나를 자격 없고 무능력한 겁쟁이로 보고 비웃을 거야'라는 이 재앙화 사고를 생각 바꾸기 작업을 통해 공략해 보자.

[자동적 사고 공략]

- 인지 왜곡 종류: 재앙화 사고 오류
- 왜곡된 가짜 생각: 떠는 건 끔찍해. 사람들이 나를 자격 없고 무능력한 겁쟁이로 보고 비웃을 거야.
- 재앙화 사고 공략 도구: 100% 확실해? | 증거 있어? | 반대되는 증거는? | 그게 그렇게 끔찍해? | ~한다는 건 ~한다는 의미야? | 최악의 상황은? | 이게 정말 큰 문제야? | 한 달 뒤에도 1년 뒤에도 오늘 일을 신경 쓸까? | 대응 방안은?

재앙화 사고는 자신이 처하게 될 상황을 최악의 상황으로 여긴다. 질문의 방향은 그 누구도 앞으로 벌어질 일은 알 수 없다는 것과 최악이라는, 끔찍하다는, 망할 거라는 생각이 과장임을 알고 과장을 벗겨 내는 데 중점을 둔다.

자, 수호 탐정이여. 사실을 한번 밝혀내 보자!

수호 탐정: 떠는 건 끔찍하다고 했는데 떨릴 것이 **100% 확실해?** | **재앙화 사고 자아:** 응, 100% 확실해! | 정말 100% 확실해? | 응… 100%는 아니지만…. 아… 떨 것 같아. | **증거 있어?** | 난 이런 상

황에서는 항상 떨었어. | 과거에 떨었다는 **건** 앞으로도 **떤다는 걸 의미해?** | 당연하지. | 그럼 **반대되는 증거는?** 안 떨 거라는 증거. | 음… 난 앞일을 알 수 없어. 100% 떨 거라고 얘기했지만 사실… 난 지금 생각 바꾸기 작업을 하고 있고, 자기암시도 하고 있어. 이런 작업을 통해 나아진 사람들이 80% 이상이나 된다는 사실도 이 책에서 읽었어. 이게 증거야. 내가 바뀌지 않는다는 것은 제한된 사고야. | 좋아. 떨었다고 가정해 보자. 떠는 **게 그렇게 끔찍해?** | 응, 엄청 끔찍해. | 왜? | 떨면 바보 같잖아. | 떤다는 **건** 바보같**다는 의미야?** | 겁쟁이 같잖아. | 남들 앞에서 이야기할 때 떨**면 겁쟁이라는 의미야?** | 응, 겁쟁이야. **| 증거 있어?** | 덜덜 떠는 게 그게 겁쟁이지, 무슨 증거가 필요해. | 그럼 다른 사람들이 발표할 때 떨면 너는 뭐라고 생각해? | '많이 떨리나보다'라고 생각하지. | 바보, 겁쟁이라고 생각 안 하고? | 음…. 바보란 생각은 안 들어. 겁쟁이라기보다는 무서워하는구나란 생각은 조금 들어…. 아…. 저 사람도 나처럼 많이 불안한 스타일인가? 그렇게 생각하지. 그리고 너무 떨면 '아…. 어떡해. 안쓰럽다'라고 생각하지. | 그래. 우린 다른 사람이 긴장하거나 떨면 오히려 위로를 해줘. 왜냐면 대부분 무대 위에서는 긴장되고 떨리니까. | 맞는 말이야. 그리고 떠는 사람을 많이 봤는데 대부분 자신이 이상하다고 생각하지 않는 것 같아. | 근데 다른 사람들이 너만 바보, 겁쟁이로 볼 것 같다는 거야? | 음…. 아닐 것 같긴 한데…. 나는 좀 다른… 그런 느낌이 강력히 들어. | 좋아. 그럼 바보, 겁쟁이로 봤을 때 벌

어질 **최악의 상황은?** | 나를 무시하겠지? | 좋아. 무시했을 때 벌어질 최악의 상황은? | 무능력한 나에게 배우고 싶지 않겠지? | 정말? **100% 확실해?** | 아니…. 과장하고 있어. 그렇지는 않을 것 같아. | 그래. 아마 '긴장했구나' 정도로 생각할 거야. 어쩌면 티가 안 날 수도 있어. | 근데 만약에 무시한다면 어떤 일이 벌어져? | 음…. 기분이 매우 나쁘겠지. 우울하고…. 쓸모없는 느낌이 들겠지…. 내가 이렇게까지 여기 있어야되나? 라는 생각이 들 거야. | 좋아. 무시를 당해서 자격이 없는 것 같아 속은 좀 상하겠네. 근데 정말 **그게 그렇게 끔찍해?** | 응, 끔찍해. | **한 달 뒤에도 1년 뒤에도 오늘 일을 신경 쓸까?** | 음…. 그렇진 않아, 보통 다음날, 길면 이틀이면 잊히거든. | 맞아. 끔찍하다고 여기는 건 과장하는 거야. 왜냐면 진짜 끔찍한 건 내 몸이 손상되거나 사랑하는 사람을 잃는 거야. 그런 걸 진짜 끔찍하다고 하는 거야. 그리고 설령 네 팔이 잘리거나 사랑하는 사람을 잃는다고 해도 너는 잘 살 수 있어. 우리 대부분은 나이를 먹고 부모님을 여의지만 다들 삶을 유지하고 있어. | 맞아, 나는 과장하고 있어. 그리고 무시당하지도 않을 것 같아. 왜냐면 나의 다른 장점도 많은데 떨었다는 거 하나만으로 무시당할 거라는 것도 과장이잖아. 예전에 발표하다가 내용이 뒤죽박죽되면서 공황이 오듯이 떨었어. 그때 학생과 눈이 마주쳤을 때 떠는 것을 들켰다고 생각했어. 근데 그 발표가 끝난 후 그 학생은 나에게 와서 평상시처럼 궁금한 걸 물어봤어. 그때 생각했지. 나만 느낀 거구나… 이후에 녹화된 영상을 확인해 봤

지만 괜찮아 보였어. | 그래, 좋아. 그럼 다음번에 떨릴 것 같을 때 **대응 방안은?** | 내가 떨어도 심하게 떨려 보이지 않았으니, 다음 번에도 그 정도일 거야. 그리고 심하게 떨려도 별일 없어. 그러니 떠는 것에 집중을 빼앗겨 산만하게 구는 것보다 내가 할 일에 최선을 다하면 돼. 그뿐이야. | 그럼 합리적 사고로 정리해 줘. | 나는 알 수 없는 미래를 끔찍하다고 과장하고 있어. 앞으로 끔찍하다는 생각이 들면 '나는 과장을 하고 있어. 떨어도 돼. 내가 할 일에 집중하자'라고 대응할 거야. | 더 줄인다면? | '떨어도 돼'라고 대응할 거야.

→ 재앙화 사고에 대응할 합리적 사고: 떨어도 돼.

재앙화 사고를 수정하지 않으면 자기충족적 예언이 될 가능성이 높다. 자신이 잘될 것이라고 믿으면 일이 술술 잘 풀린다. 당신이나 주변 사람이 당신에게 기대한 대로, 말하는 대로, 예상한 대로 현실이 된다. 반대로 부정적인 생각은 부정적인 현실을 창조한다. 우리는 여러 가지 인지 오류를 가지고 있고 그 가짜 생각들이 계속해서 현실에 창조된다. 발표를 망칠 것을 예상하고 발표를 망치고. 또 예상하고 또 망치고…. 그중에서도 재앙화 사고가 무서운 이유는 파국적인 결말을 예상하기 때문이다. 최악의 결과가 현실에 창조되면 얼마나 끔찍한가.

자기충족적 예언이 이뤄지는 원리는 자신이 생각한 대로 행동하기 때문이다. 앞의 예시에서 소개팅 상황을 살펴봤다. 첫인상이 안 좋으면 차일 거라는 생각을 하고 있는데 당신의 외모가 맘에 들지 않는다. 그럼, 상대가 당신을 맘에 들어 하지 않을 것 같아 불안해진다. 자연스레 행동은 위축되고 자신감이 없어진다. 상대의 사소한 행동도 부정적으로 느껴진다. 상대방이 첫 만남이라 조금 어색해서 눈을 피했는데 '왜 방금 내 눈을 피했지? 역시 내가 별로인가 봐'라며 그렇게 흑역사를 쓰기 위한 준비를 하게 된다.

　그러니 당신의 생각이 재앙화 사고라는 것을 인지하는 순간, 과장하지 말라고 대응하라. 미래는 누구도 알 수 없다고 대응하라. 깊은숨을 들이마시고 당신이 어떻게 할 수 없는 일은 겸허하게 수용하겠다고 웃으며 말해줘라. '나 지금 과장하고 있어. 그리 끔찍하지 않아. 설령 끔찍하다고 해도 난 충분히 잘 살 수 있어.' 다시 말해보라. '과장이라고. 과장이야. 설령 끔찍하다고 해도 충분히 잘 살 수 있어. 과장이야…. 과장이야…. 부장… 과장이야.'

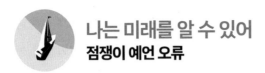

나는 미래를 알 수 있어
점쟁이 예언 오류

"가위바위보!" 가끔 연기과 선생님들과 식사하는데 시간이 부족한 경우 교무실에서 라면을 끓여 먹는다. 라면을 끓일 사람과 다 먹은 후 설거지할 사람을 가위바위보로 정한다. 한 명에게 몰아주기다. 나이, 직책 따지지 않고 진 사람이 한다. 절대 도와주지 않는 것이 우리만의 규칙이다. 네 명이 가위바위보를 하는데 어김없이 '질 것 같은데'라는 자동적 사고가 빠르게 지나간다. 질 것 같다고 미래를 예측한 것이다. 네 명이면 이길 확률은 4분의 3이고, 질 확률은 4분의 1이다. 이길 확률이 75%고 질 확률은 25%이다. 그러면 당연히 '이길 것 같은데'가 나와야 한다. 그러나 근거 없이 미래를 부정적으로 예측하는 것, 이것이 바로 점쟁이 예언 오류이다.

점쟁이 예언 오류는 재앙화 사고 오류와 같이 어떠한 증거 없이 미래를 부정적으로 예상한다. 많은 사람이 가장 흔히 갖고 있는 오류 중 하나다. 재앙화 사고처럼 미래를 최악의 경우로 생각하진 않는다. 다만 과장된 측면이 적기 때문에 더욱 쉽게 진실로 위장해 우리의 삶에 광범위하게 침투한다.

점쟁이 예언이 위험한 첫 번째 이유는 재앙화 사고와 같은 자기 충족적 예언이다. 부정적인 생각은 부정적인 현실을 만들어 낸다. 이번엔 정수기를 판매하는 영업사원이 있다고 가정해 보자. 정수기를 팔려고 고객을 만날 때마다 영업사원은 마음속으로 '저 사람은 분명히 거절할 거야'라고 점쟁이 예언을 한다. 영업사원은 고객에게 자신이 진짜로 거절당할 것이라고 믿기 때문에 손님을 대하는 태도가 자신이 없고 위축이 된다. 자신의 제품의 장점을 적극적으로 어필해야 하는데, 고객이 이 제품에 관심도 없고 자기의 시간을 빼앗기는 것 같아 불쾌하다고 생각하기 때문에 즐겁게 판매할 수 없다. 자신 없는 모습, 확신 없는 태도는 고객에게 전달되고 신뢰감을 얻지 못한 고객은 정수기를 사지 않는다. 생각은 태도로 드러나고 현실을 만들어 낸다.

우리가 부정적으로 미래를 예측하는 이유는 뭘까? 위험으로부터 자신을 보호하려면 위험한 일에 대한 주의가 필요하다. 그리고 부정적인 예측은 긍정적인 결과를 가져오는 경우가 많다. 예를 들어 '절벽은 위험하다'라는 생각은 당신을 절벽 가까이 가지 않게 만든다. 그럼에도 당신이 절벽에 가까이 가야만 하는 상황이라면 '절벽은 위험하다'라는 생각 때문에 불안하긴 하겠지만 밧줄을 미리 준비한다던가, 스파이크가 달린 신발을 신는다던가 미래를 대비한다. 원시시대에는 적대적인 부족이나 야생동물, 번개나 폭우, 가뭄처럼 자연재해에 굉장히 취약한 환경이었다. 목숨을 유지하기 위해서는 언제나 위험한 상황에 대비했어야 했다. 부정적으로 미래를 예상하는 것은 위험에 대비하고 우리의 생명을 구하는 길이었다. 하지만 현대사회는 야수를 만날 일이 극히 드물다. 뉴스에서 많은 사람이 살해당하고 강도를 만난다고 반문하겠지만 전체 인구에 비하면 매우 적은 숫자다. 우리의 생각은 적절한 대비보다 과장해서 불필요한 불안을 만들어 내고 있다.

점쟁이 예언이 위험한 두 번째 이유는 회피다. 부정적인 미래 예측이 어떤 일에 대해 불확실성을 키우기 때문에 그 일을 어렵다고 생각하게 만들고, 하기 싫게 만들고, 스트레스를 받게 한다. '난 이번 면접에서 떨어질 거야', '해결 방법을 못 찾을 거야', '내가 찾는 파일이 이 폴더에는 없을 것 같아', '저 사람과의 대화에서 할 말이 없을 거야', '어색해질 거야', '발표를 잘 못 할 거야', '떨릴 거야', '돈을 못 벌 거야', '내가 부탁하면 짜증 낼 거야'와 같은 생각들은 모두 실패와 거절, 망신을 예상한다. 사람을 만날 때나 어떤 일을 하려고 할 때 실패가 확실하다면 그 일을 추진할 사람이 얼마나 될까. 자신감이 사라지고, 자신 없는 일을 회피하게 된다.

점쟁이 예언을 공략하는 방법은 증거 찾기다. 대부분의 왜곡된 가짜 생각들은 증거가 없다. 나는 과거에 오디션을 보기 전에 오디션에 떨어질 것을 예상했다. 떨어지면 사람들이 나에 대해 연기 못하는 사람이라고 무시할 것 같았다. 오디션이 두려웠다. 두 번의 영상 오디션에서 떨어진 후 더 이상 오디션을 보지 않았다. 정말 위험한 생각이지 않은가? 배우가 오디션을 보지 않는다는 것은 일을 하지 않겠다는 뜻이다. '난 오디션에서 떨어질 거야.' 이 생각을 생각 바꾸기 작업을 통해 공략해 보자.

[자동적 사고 공략]

- 인지 왜곡 종류: 점쟁이 예언 오류
- 왜곡된 가짜 생각: 난 오디션에서 떨어질 거야.
- 점쟁이 예언 공략 도구: 100% 확실해? | 다른 가능성은? | 증거는? | 반대되는 증거는? | ~한다는 건 ~를 의미해? | 대응 방안은?

점쟁이 예언 오류의 공략 포인트는 확실하지 않은 미래를 진짜라도 되는 것처럼 예언하기 때문에, 진짜가 아닌 걸 알 수 있는 방향으로 질문을 하는 것에 중점을 둔다.

자, 수호 탐정이여. 사실을 한번 밝혀내 보자!

수호 탐정: 오디션에서 떨어진다는 게 **100% 확실해?** | **점쟁이 예언 자아:** 100%는 아니지만 떨어질 것 같아. | 떨어질 거라는 **증거는?** | 난 분명히 떨 거야. 그러면 연기를 잘 못 하겠지. 나는 어떻게 연기를 해야 할지 몰라서 어색해할 거야. 오디션 볼 자격이 없는 것 같이 느껴져. 그러면 당연히 떨어지겠지. 생각만 해도 창피

해. | 떤**다는 건** 연기를 못할 **것을 의미해?** | 꼭 그렇진 않지. 떨어도 연기는 할 수 있어. | 그럼 떤**다는 건** 어색함을 의미해? | 그렇지. 떨면 아무래도 급하게 되고 정신은 산만해지니까 안정적으로 연기하기 힘들지. | 좋아. 그렇다면 **반대되는 증거는?** | 반대되는 증거? 대부분 배우는 오디션을 볼 때 모두가 떨린다고 말해. 프로 배우들도. 나와 〈안티고네〉, 〈미친 소리〉라는 연극을 같이 한 전배수 형도 당시에 영상 오디션을 보러 갔었는데 몇 번이고 카메라 울렁증이 있다고 걱정한 기억이 있어. 그런데 지금 TV 드라마에 나오는 것을 보면 떨어도 괜찮다는 것을 증명하는 거야. 그리고 〈안티고네〉를 같이 했던 베테랑 배우인 정상철 선생님도 공연 전에 떨린다고 말했어. 떠는 것 때문에 연기를 못 한다면, 모두가 연기를 못 한다고 말하는 것과 똑같은 말이야. | 그럼, 오디션에서 떨어질 거라는 말은 사실이 아니네. | 응, 가짜 생각이야. 하지만 떨어질 것 같아. | 왜 그런 생각이 들지? | 두 번 정도 카메라 오디션을 봤을 때 떨어졌잖아. | 두 번 떨어진 **건** 앞으로도 떨어질 **것을 의미해?** | 그런 건 아니지만 오디션이라는 게 확률상 떨어질 가능성이 높아. | 좋아, 확률상 떨어질 가능성이 높은 **것은** 영원히 합격할 수 없**다는 것을 의미해?** | 아니…. 그렇지 않아. | 이에 대한 **대응 방안은?** | 대응 방안이라…. 떤다고 내가 이상한 게 아니야. 베테랑 배우도 가수도 떨려. 정상적인 반응이고 오디션에서는 모두가 떨려. 그리고 이범수 배우나 진선규 배우, 그리고 많은 배우가 오디션에서 100번

이상 떨어졌다고 말했어. 배우 오디션의 경쟁률은 100대 1에서 2,000대 1의 치열한 세상이야. 내가 떨어지는 건 어찌 보면 당연한 일이야. 그건 실력의 문제가 아닐 수도 있어. 오디션을 보고 떨어졌다면 다시 준비하면 되고 떨어지면 다시 준비하면 돼. 그러다가 오디션도 익숙해지고 역할의 느낌과 내가 잘 맞으면 오디션에 합격하게 될 거야. 나는 최선을 다해 준비하고 연기하면 돼. | 자, 그럼 사실만 정리해 보자. | 떨어도 연기는 할 수 있어. 대부분의 배우들은 오디션을 볼 때 모두가 떨린다고 말해. 프로 배우들도 마찬가지야. 즉, 내가 할 일은 나는 앞일을 알 수 없어. 최선을 다해 준비하고 연기하면 돼. | 더욱 짧게 줄인다면? | 최선을 다하면 돼.

➜ 점쟁이 예언 오류에 대응할 합리적 사고: 최선을 다하면 돼.

당신은 어떤 일이 벌어질지 모른다. 현재 일에 집중하면 된다. 점쟁이 예언은 사실이 아닌 왜곡된 가짜 생각이다. 부정적으로 미래를 예측하면서 부정적 미래를 창조하고 자신감을 상실시킨다. 그리고 시도할 수 없게 만든다. 당신이 의도적으로 원하는 것에 초점을 맞추지 않으면 원치 않는 자동적 사고에 집중을 빼앗긴다. 컴퓨터에서 사소한 파일을 찾는 일에서조차 '이 폴더에 없을 것 같은데. 저 폴더에도 없을 것 같아'라는 생각은 스트레스를 유발하고 일을 하기 싫게 만든다. 이에 대한 답은 단순하다. '난 미래를 알 수 없어. 그냥 이 순간에 집중해서 최선을 다하면 돼.' 이것이 점쟁이 예언에 확실한 대응 답이다.

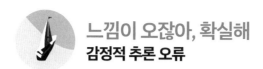

느낌이 오잖아, 확실해
감정적 추론 오류

교감 선생님에게 연락이 왔다. 교육청에서 요청이 왔는데 도움을 줄 수 있냐고 물으셨다. 새롭게 만들어진 교육과정을 검토하는데 하루만 참여해달라는 부탁이었다. 생각보다 일이 컸다. 검토 의견서를 작성해서 제출해야 하는데 100페이지에 가까운 광범위한 교육과정을 먼저 읽어야 했다. 게다가 의견서 제출만 하면 끝나는 것이 아니었다. 경남 창원에 가서 검토 의견에 대해서 모둠별로 서로 이야기를 나누는 시간을 가져야 했다. 장창원이란 친구는 있지만, 창원에 가본 적은 없다. 남쪽 끝이었다. 그러나 교감 선생님 부탁이기도 하고, 대규란 친한 친구가 남해에 귀어를 해서 그 친구도 볼 겸 기꺼이 승낙했다.

연수 당일, 창원의 호텔 로비에는 많은 선생님들이 있었다. 내 이름이 쓰인 테이블에 앉아 선생님들과 교육과정에 관한 이야기를 시작했다. 사회자는 한 명이 대표로 나와서 토론한 내용을 발표해야 한다고 했다. '음… 설마 내가 하는 건 아니겠지….' 내가 있던 테이블에는 나를 포함해 여섯 명의 선생님이 앉아있었으니, 확률은 6분의 1이었다. 서로 눈치만 보고 있었다. 몇 분이 지났고 서로 다른 얘기들을 했다. 그때 한 선생님이 "유 선생님이 말씀하시는 게 좋을 것 같아요. 다들 동의하시나요?" 나만 동의하지 않았다. 박수가 이어졌다.

설마가 사람 잡았다. 하기 싫었다. 교육과정은 내용도 방대하고, 토론하면서 딴생각을 많이 해서 토론 내용도 명확히 잘 몰랐다. 조금 끄적이긴 했으나 정리가 안 되어 있었다. 그래서 무엇을 발표해야 할지 모른다고 사실대로 말했다. 선생님들은 본인들이 정리를 해줄테니 나가서 발표만 하라고 말했다. 더 이상 빼기가 힘들었다. 역시나 심장이 두근거리기 시작했다. 벌벌 떨면서 발표를 망칠 것 같은 생각이 들었다. 그러면서 심장은 더 빨리 요동쳤다. 불안한 감정이 매우 커졌다. 머릿속에 자동적 사고들이 빛의 속도로 요동치기 시작했다. 강렬한 확신으로 다가온 생각이 있었다. 그건 바로 '아… 지금 엄청 불안해. 발표를 망칠 거야!'였다.

불안해서 발표를 망칠 것이라는 생각은 감정적 추론 오류이다. 감정적 추론 오류란 자신이 느끼고 있는 느낌이 너무 강력해서 앞으로 벌어질 일을 부정적으로 예측하는 것이다. 어떠한 증거나 근거 없이 진실이라고 믿어버린다. 느낌은 사실로 여겨진다. 불안하다고 느끼는 감정이 발표를 망칠 것의 근거가 된다. 망치지 않을 것과 관련된 증거는 찾지 않는다. 언뜻 보기엔 큰 문제가 없어 보이지만 다음 이야기를 들어보면 이 생각이 얼마나 논리적이지 않은지 알 수 있다.

쉬운 이해를 위해 감정적 추론 오류를 가진 한 검사가 법정에서 판사에게 피고가 범인인 이유를 설명하고 있다고 가정해 보자.

"존경하는 판사님, 저는 30년간 검사 생활을 했습니다. 저에겐 감이란 게 있습니다. 이 느낌은 단 한 번도 틀린 적이 없습니다. 지금 제 느낌이 굉장히 불쾌하고 화가 나는 걸 보면 피고가 범인인 게 100% 확실합니다. 믿어주십시오."

"아, 그래요. 검사님. 근데 증거가 불충분해서요. 피고가 범인이라는 다른 증거가 있나요?"

"증거가 뭐가 필요합니까. 말씀드렸다시피 저는 감이 좋은 사람입니다. 제 느낌으로 저 사람이 확실히 범인입니다."

"검사님, 피고가 아닌 다른 사람의 지문이 나와서 그래요."

"판사님, 그게 중요한 게 아니에요. 지금… 제 느낌은 이 사람이 범인인 게 확실하다고 말하고 있습니다."

"……."

어떤가? 검사의 말이 논리적인가? 범인이 아닐 수도 있는 다른 증거가 있음에도 자신의 느낌만을 앞세워 섣부르게 진실이라고 믿고 있다. 판사는 매우 답답했을 것이다. 감정적으로 달려드는 검사를 보며 검사 자격이 없다고 생각했을 수도 있다. 감정적으로 대응하면 저 문제를 해결할 수 있을까? 상황은 점점 꼬여서 더 어렵게 된다. 이것이 바로 감정적 추론이 가진 문제다.

우울증이 심한 사람들은 감정적 추론 때문에 더욱 자신이 비참하다고 느낀다. 우울한 사람은 슬프고 먹먹한 감정을 자주 느낀다. 슬픈 감정을 느끼는 이유는 자신이 쓸모없다고 생각하거나, 버림받았다고 생각하거나, 무능력하다고 생각하거나, 삶이 무의미하다고 생각하기 때문이다. 몇 번은 그러한 일을 겪었을 수도 있지만 매일 버림받거나 무가치한 일을 경험하지는 않는다. 가짜 생각이다. 우울한 느낌이 느껴지면 우울증이 심한 사람들은 어김없이 자신은 평생을 우울하게 살아갈 것이라고 믿는다.

이 생각을 증명할 만한 근거는 우울한 감정뿐이다. 그런데 우울한 감정이 워낙 강력하게 올라오다 보니 자신이 쓸모없다는 가짜 생각이 확신으로 변했다. '역시 난 쓰레기야', '내가 하는 일은 다 망할 거야', '기분 참 더럽네. 왜 살아야 하지?' 이런 식으로 자신의 가치를 깎아내리며 악순환이 반복된다. 우울증은 나날이 깊어만 간다.

자기 생각이 감정적 추론이라는 것을 확인했다면 이 생각을 합리적인 사고로 수정해야 한다. 발표 상황에서 내가 했던 감정적 추론은 '아, 너무 떨리는데. 엄청 불안해. 발표가 망할 게 분명해'였다. 내가 지금 떨리는 느낌이 너무 강력하니까 발표가 망할 것이라 확신했다. 그러나 떨린다고 발표를 망치란 법은 없다. 두려운 감정 때문에 망한다고 과장하는 것뿐이다. 느낌은 느낌일 뿐, 할 수 있다.

[자동적 사고 공략]

- 인지 왜곡 종류: 감정적 추론 오류

- 왜곡된 가짜 생각: 아, 너무 떨리는데. 엄청 불안해. 발표가 망할 게 분명해.

- 감정적 추론 공략 도구: ~하다는 건 ~를 의미해? | 100% 확실해? | 다른 가능성은? | 증거는? | 반대되는 증거는? | 과거에 그랬다는 건 앞으로도 그럴 거란 의미야? | 대응 방안은?

감정적 추론의 공략 포인트는 부정적 감정에 증거가 없다는 쪽으로 유도하는 것이다. 그리고 그동안 부정적인 감정이 올라온 상황에서 예측과 달리 잘 해낸 증거들을 찾아내면 된다. 꼭 잘했던 증거일 필요는 없다. 부정적인 감정으로 부정적인 미래를 예측했음에도 최악의 상황을 면했다면 그것도 증거다. 그 증거를 가지고 생각 바꾸기 작업을 진행하면 된다.

자, 수호 탐정이여. 사실을 한번 밝혀내 보자!

수호 탐정: 불안하다는 건 망하는 것을 의미해? | **감정적 추론 자아:** 응. 떨면 분명 말도 제대로 못 하고 어버버대고 머릿속은 하얘지고 망할 테니까. | **망하는 게 100% 확실해?** | 응. 왜냐면 느낌이 너무 분명하거든. 불안함이 커져서 몸이 떨려온다고⋯. 쓰러질 것 같아. 그러면 당연히 망할 거야. | 다시 생각해 봐. 정말 망할

거라고 **100% 확신해?** | 음…. 물론 100%는 아닐 수도 있겠지만 거의 확실해. | 그럼 100%는 아니네. | 맞아. 한 90% 정도? | 망할 확률이 그렇게 높다고? | 음, 좋아. 떤다고 꼭 망하는 건 아니니까 한 70%. | 좋아. 그럼, 망할 거라는 **증거는?** | 항상 그랬어. 이렇게 불안해지면 나는 항상 떨었다고. | 다시 묻는데, 떨었**다는 건 망하 는 걸 의미해?** | 음… 그런 것 같기도 한데…. 음…. 아니, 그건 아 니지만 극도로 불안해지면 극심하게 떨려오거든. 그러면 목소리 도 떨릴 거고 손도 떨리고 손에 들고 있는 마이크나 종이도 덜덜 떨릴 거야. | 떨릴 거라고 점쟁이 예언을 하고 있네. 그래, 좋아. 떨면 망한다는 **증거는?** | 떨리면 멘붕이 올거야. 머리가 하얘지면 생각도 안 나고 뭔가 발표가 멈춰지고 다들 당황할 것 같아. | 머 리가 하얘져서 아무것도 못 했던 적이 있어? | 머리가 하얘진 적 은 엄청 많아. 근데 아무것도 못 한 적은 없어. | 뭐야? 그럼 망한 적이 없는 거네. | 버벅대거나 이상한 얘기를 하거나 했던 얘기를 또 한 적은 있어. 횡설수설하는 거지. | 그건 망한 게 아니잖아. 완 벽주의 성향이 강한 것 같은데… 그건 나중에 이야기하고…. 그 게 망했다는 의미야? | 음… 아니, 망한 건 아니지…. | 과장해서 끔찍하게 생각하는 재앙화 오류도 범하고 있네. | 인정해. 맞아. 과장하고 있어. | 좋아. 그동안 한 번도 망한 적이 없는 데도 불안 해하고 있어. 그렇다면 망하리라는 것에 **반대되는 증거는?** 안 망 할 것이라는 증거! | 음… 나는 지금 나아지기 위해 열심히 공부 하고 훈련하고 있어. 공부했기 때문에 어제와 조금씩 달라지고

있어. 그렇기에 불안하지만 잘 해낼 수도 있어. | 좋아. 또 **다른 반대되는 증거는?** | 실제로 망한 적이 없어. 과장한 거야. 단지 머리가 하얘져 머뭇거리거나 말이 꼬이거나 횡설수설한 적은 있지만, 보통은 불안해도 불안해하면서 잘했어. 어떤 날은 처음에 강하게 불안이 밀려오고 시간이 지나면서 괜찮아진 적도 많아. | 좋아. 만약 발표 중에 머리가 하얘졌어. 아무것도 정말 생각 안 나서 망할 것 같을 때 **대응 방안은?** | 내용을 적은 종이가 있잖아. 그걸 보고 하면 돼. 내용을 찾는 데 아무리 오래 걸려도 1분도 안 걸릴걸. | 그럼 망했다는 건 100%가 맞아? | 아니 1%? 0%에 가까워. | 그럼, 합리적 사고로 정리해 볼까? | 불안한 느낌이 든다고 망하는 것과 연결할 필요는 없어. 과거에 서툴렀던 기억 때문에 불안한 느낌이 들 수도 있어. 처음은 누구나 서툴러. 하지만 나는 조금씩 나아지고 있어. 그리고 대부분 발표 때 불안하잖아. 나와 함께 테이블에 앉아있던 다섯 명의 사람도 앞에 나가서 발표하는 걸 두려워했어. 이 사람들은 회피했지만, 나는 발표를 하려고 해. 용기에 칭찬을 해줘야지. 미국인이 죽음보다 더 두려워하는 게 발표라는 얘기도 들었어. 많은 사람이 긴장하고 불안하지만, 자신이 할 것을 해. 나도 할 수 있어. 불안하다는 느낌은 못 한다는 걸 의미하는 게 아니야. 그냥 불안하다는 걸 의미하는 거지. 불안해도 할 수 있어.

→ 감정적 추론에 대응할 합리적 사고: 불안해도 할 수 있어.

느낌이 강렬해서 부정적인 결과가 예측된다면 앞으로는 가짜 생각 대신에 이렇게 대응하자. '불안해도 할 수 있어', '떨어도 할 수 있어', '우울하다고 내가 쓸모없는 것은 아냐', '우울해도 뭐든 할 수 있어', '우울해도 움직일 수 있어', '기분 나쁘지만 좋게 해결할 수 있어', '두려워도 할 수 있어', '우울한 기분은 자동으로 떠오른 왜곡된 생각일 뿐이야'.

느낌은 느낌일 뿐이다. 그 느낌은 나의 왜곡된 생각에서 비롯되었다. 내가 못 할 것이란 증거는 없다. 그러나 반대되는 증거들은 있다. 느낌을 믿지 말고 증거를 믿자.

감정적 추론은 꼭 휘발유 같다. 캠프파이어를 할 때 장작에 불이 잘 붙으라고 휘발유를 들이붓는다. 순간 엄청난 불기둥을 만들며 장작이 활활 타오른다. 감정이 불타고 있을 때 감정적 추론이라는 휘발유를 붓는다면 감정은 더욱 무섭게 타오른다. 불은 전체로 번지고 모든 것을 태운다. 예상했던 대로 더 많이 실수하며 망하는 길로 가게 된다. 원활하게 문제를 해결하려면 생각 바꾸기를 통해 감정에 휘발유라는 에너지를 주지 말자. 휘발유 대신 증거라는 찬물을 끼얹자. 그러면 두려움이 있어도 무엇이든 할 수 있다. 명심하자. 기분은 내가 아니다. 기분이 태도가 되지 않게 하자. 기분은 생각의 결과물일 뿐 결코 내가 될 수 없다. 사실이 아닌 가짜 생각에서 태어난 감정에 내 삶의 운전대를 맡기지 말자.

생각의 오류를 받아들일 때
인생의 많은 변화가 만들어지기 시작한다.

2
—
부정적인
신념 바꾸기

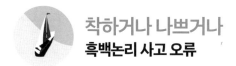

착하거나 나쁘거나
흑백논리 사고 오류

나는 어릴 때부터 외모 콤플렉스가 있었다. 사춘기 전에는 외모에 커다란 관심이 없었다. 아버지가 매일 못생겼다고 해서 못생긴 줄 알았다. 피부 색깔은 까무잡잡하고 입술은 두툼했다. 아프리카 원주민 같았다. 만화영화 둘리에 '마이콜'이라는 캐릭터가 나오는데, 친구들이 마이콜 같다고 놀리기도 했다. 입술 옆에는 침 흘리다 마른 것처럼 버짐이 피어있었고, 자주 씻지 않아서 더러웠다.

중학교 2학년 때부터 사춘기가 찾아오면서 외모에 관심을 갖기 시작했다. 화장품 가게에서 젤과 무스를 사서 머리에 발랐다. 2천 원짜리 싸구려 장미 향수도 사서 뿌렸다. 장미향이 좋아서 샀다기보다는 단짝이었던 관동이라는 친구가 사기에 따라 샀다. 몇몇 여자애들은 나에게 관심을 가졌다. 음악실에 가면 책상에 '광준아 사랑해'라고 쓰여 있기도 했고, 학교 근처 떡볶이집 벽에도 '유광준 내 거!'라는 낙서가 한두 개 있었다. 그러면 친구들에게 과시하듯 기뻐서 자랑하곤 했다. 내가 그렇게 못생긴 얼굴은 아니라는 사실을 알게 됐다. 그렇지만 내 얼굴이 맘에 안 들었다. 머리는 너무 작았고 눈도 작았다. 지금은 머리가 작은 게 좋은데, 그때는 머리 작은 게 외계인 같고 싫었다. 삐쩍 말라서 볼은 쏙 들어가고 입술은 두꺼웠다.

나는 완벽주의 사고 오류가 많았다. 나처럼 심한 사람들은 흑백논리 사고와 당위 진술을 많이 한다. 우선 흑백논리 사고 오류에 대해서 살펴보자. 흑백논리 사고 오류는 말 그대로 세상을 흑과 백, 이분법으로 본다. 성공과 실패, 착한 사람과 나쁜 사람, 아름다움과 추함, 우아함과 천박함, 똑똑함과 멍청함, 잘하는 것과 못하는 것, 좋은 것과 나쁜 것만이 있고 그 중간이나 과정은 그리 중요하지 않게 여긴다. 그래서 좋은 것은 다 장착해야 한다. 아름다움, 선함, 명석함, 부, 권력, 성공…. 그런데 그것은 불가능하다.

원빈처럼 잘 생겨야 잘생긴 거라 생각했다. 흑백논리적인 기준이었다. 연예인처럼 잘생긴 게 아니면 못생긴 것으로 생각했다. 원빈이 되기에 나는 턱없이 부족했다. 사람들에게 잘 생겨 보이기 위해 노력했다. 항상 있는 표정 없는 표정을 긁어모아 나름대로 괜찮아 보이는 얼굴을 유지하려고 애썼다. 특히 마이콜 같이 두꺼운 입술이 가장 맘에 안 들었기에 얇게 보이려 오므리다 보니 항상 입술에 힘을 주고 다니는 게 버릇이 되었다.

대학생이 되어서 얼굴에 혐오감이 드는 사건이 있었다. 영화 〈지

푸라기라도 잡고 싶은 짐승들〉, 드라마 〈마스크걸〉의 김용훈 감독은 대학 동기이다. 우린 '쌈스 프로덕션'이라는 학생 제작사를 만들어 여러 편의 단편영화를 제작했다. 대부분 용훈이가 연출을 맡고 내가 주인공인 단편영화를 찍었다. 첫 번째 영화 제목은 〈유광준의 정무문〉이었다. 이소룡의 정무문을 패러디하는 B급 코미디 영화였다. 촬영을 마치고 상영회를 열었다. 모두 재밌어했다. 그러다 악당에게 맞고 쓰러지는 장면에서 입술 쪽으로 과도한 클로즈업이 들어왔다. 나는 오버하며 인상을 구길 수 있는 대로 구겼다. 입술을 뒤로 뒤집어 까면서 오만상을 쓰고 있었다. 입술 색은 까맣고 쭈글쭈글한 모양이 번데기 같기도 하고 벌레 같기도 하고 혐오스러우면서도 매우 징그러웠다. 여기저기서 웃어 댔고 그와 동시에 관람하던 몇몇 친구들은 "아~ 더러워", "아~ 징그러워"라고 말했다. 어떤 여자아이는 "으악~" 비명만 질렀다. 반응이 뜨거운 걸 보니 영화는 대성공이었다. 그러나 나는 땅속으로 숨고 싶었다. 너무 혐오스럽게 느껴졌다. 충격적이었다. 그 이후로는 입술에 대한 자신감이 더욱 없어졌다. 그런 표정은 짓고 싶지도 않았다.

외모뿐만이 아니었다. 성격이나 보이는 모든 면에서 좋아 보이고 싶었다. 어린 시절의 사랑받지 못한 결핍 때문이었다. 추하고 나쁘고 더러운 나는 겉모습이라도 좋게 보여야 사람들에게 거부당하지 않을 것이라 생각했다. 그래야 나를 좋아할 거라고 생각했다. 더럽고 못생긴 돌머리인 나를 사람들은 좋아하지 않았다. 사람들의 인정을 받아야 내가 괜찮은 존재라는 것이 확인된다고 믿었다.

기준이 높으면 삶이 괴롭다. 성공의 범주는 달성하기 매우 어렵다. 완벽주의는 좁고 높은 성공의 영역을 제외하곤 나머지 영역 모두 실패의 영역으로 바라본다. 집이 있고 돈이 있어도 몇십억 몇백억이 없다면 부의 관점에서 자신은 가난하고 부족하다고 여긴다. 시험에서 80점을 맞아도 100점을 맞지 못했다고 괴로워한다. 나의 경우 발표를 잘했음에도 조금이라도 떨었다면 실패로 간주한다. 그리고 자책한다. '아, 또 떨었어. 난 왜 자꾸 이러지…. 좋아질 수 없는 거야. 망했어.' 아주 작은 떨림도 허용하지 않는다. 나의 발표를 다른 사람이 평가한다면 아마도 85점을 줄 수 있을 것 같은데도 난 조금 떨리는 느낌이 들었다는 이유로 0점을 준다. 매일 실패 안에 있는 그 삶이 얼마나 괴롭고 불행하겠는가?

완벽주의가 있는 사람이라면 열심히 노력해서 완벽을 추구할 것 같지만 꼭 그렇지도 않다. 시도하는 순간 자신이 생각하는 높은 기준인 성공과는 거리가 멀다. 달성하기 어렵다는 것을 이미 알고 있다. 시작하기도 전에 실패라는 영역에 들어와 있다. 실패자의 느낌을 느끼고 싶지 않아서 시작조차 하지 않는다. 흑백논리가 있는 사람들은 여간해서 새로운 무언가를 시도하지 않는다.

그리고 시도했다고 하더라도 남들 앞에서 못하는 모습, 실패하는 모습을 보여주기 싫어한다. 완벽하지 않기 때문에 왠지 모를 수치심이 든다. 누구나 처음 시작할 때는 넘어지고 어설프다. 실패하고 실수하는 모습을 보여주지 않겠다는 것은 성공하지 않겠다는 것과 같은 의미다. 춤을 안 춰봤으면 못 추는 게 당연하다. 어설픈 모습을 보여주고 피드백을 받고 연습해야 성장할 텐데, 시도라는 과정이 없으니 성장이 어렵다. 흑백논리를 수정하지 않으면 게으른 완벽주의자가 될 가능성이 높다.

나는 잘생겨 보여야 한다고 생각했다. 원빈 정도는 돼야 사람들이 인정해 줄 것이라는 믿음이 있었다. 나는 원빈이 될 수 없다. 누구를 만나든 이 기준에 부합할 수 없으니 불안했다. 그리고 나를 혐오하기까지 했다. 당신이 완벽한 것만이 훌륭한 것이라 생각한다면 흑백논리 사고 오류를 가진 것이다. 그리고 당신이 가지고 있는 것보다 더 좋은 것처럼 보이려는 것은 도둑놈 심보, 또는 놀부 심보다. 당신이 가진 것은 6인데 10만큼 있어 보이려 한다면 어디선가 4를 훔쳐 와야 한다. 4만큼의 욕심은 4만큼의 불안감을 만든다. 당신이 적게 가지고 있거나, 기준이 높을수록 불안감은 커진다. 가진 건 3인데 기준이 100이라면? 1000이라면? 현실과 이상의 괴리만큼 불안이 만들어진다. 욕심이다. 당신이 노력한 만큼 받아들이던가, 그럴 수 없는 것이라면 지금의 당신을 있는 그대로 인정하면 된다.

놀부 심보, 도둑놈 심보를 버리자. '있는 그대로 괜찮아', '최고가 아니어도 괜찮아', '결과보다 과정이 중요해'라는 합리적 사고로 바꿔보자. 최고가 아니면 안 될 것 같은 가짜 생각 대신 최선을 다하면 충분하다고 믿어보자! 가짜 생각이 불안이 되지 않게!

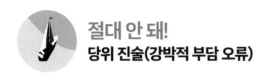

절대 안 돼!
당위 진술(강박적 부담 오류)

〰〰〰〰〰〰 '반드시 어른다워야 해!' 당위 진술이란 자신이나 타인에게 당연히 그렇게 해야 한다는 엄격하고 고정된 생각이다. 그래서 기준에 미치지 못하는 자신이나 타인을 보면 기분이 나빠진다. 당위 진술은 찾기가 쉬운 생각이다. '무조건 ~해야 한다', '당연히 ~ 해야 한다', '반드시 ~해야 한다', '항상 ~해야 한다', '절대로 ~ 하면 안 된다'와 같은 강박적인 부담을 주는 진술들이다. 그래서 강박적 부담 오류라고도 한다.

당위 진술이 무조건 나쁜 것은 아니다. 도덕이나 규범적인 측면에서 보면 긍정적인 작용을 한다. 도둑질하면 안 된다, 사람을 때리면 안 된다, 사람을 죽이면 안 된다⋯. 이것은 함께 살아가는 세상에서 나와 타인을 지켜주는 공동체의 안전한 약속이다.

그러나 가혹한 당위 진술은 당신을 마음의 감옥에 가둔다. '떨면 절대 안 돼', '절대로 불안해하면 안 돼', '절대로 약해 보이면 안 돼', '절대로 치사해 보이면 안 돼', '절대로 소심해 보이면 안 돼', '절대로 멍청해 보이면 안 돼', '절대로 부끄러워 보이면 안 돼', '절대로 실수하면 안 돼', '절대로 실패하면 안 돼', '절대로 못생겨 보이면 안 돼', '절대로 가난해 보이면 안 돼', '절대로 냄새나면 안 돼', '절대로 무능력해 보이면 안 돼', '절대로 야박해 보이면 안 돼', '절대로 거짓말쟁이로 보이면 안 돼', '절대로 다른 사람을 실망시키면 안 돼', '무조건 남자다워야 해', '무조건 다 잘해야 해', '무조건 당당해 보여야 해', '무조건 여유로워 보여야 해', '무조건 있어 보여야 해', '반드시 자연스러워야 해', '말을 못하면 안 돼', '항상 착해 보여야 해', '대범해 보여야 해', '통이 커 보여야 해' '무조건 너그러워야 해', '항상 인자해야 해', '모두가 나를 좋아해야 돼'. 이 많은 생각이 내가 자주 하는 당위 진술이다.

사람들을 만날 때 이와 같은 생각들이 동시다발적으로 일어난다. 누군가를 만날 때마다 절대로 하지 말아야 할 것들과 무조건 반드시 해야 할 것들 수십 개가 생기기 때문에 숨이 턱 막힌다. 과연 정상적인 생활이 가능할까? 당위 진술을 사용하는 사람들은 이러한 절대적인 자기만의 강박적 규칙을 많이 갖고 있다. 뿔테 안경을 쓴 엄격한 선생님이 회초리를 들고 따라다니면서 '절대 안 돼! 반드시 해'라고 끊임없이 경고한다.

완벽주의자들은 대인관계에도 어려움을 느끼는 경우가 많다. 완벽주의 사고를 가진 사람은 자신뿐만 아니라 다른 사람에게도 엄격하고 고정된 기준을 갖고 있기 때문에, 기대에 미치지 못하면 지나치게 부정적으로 평가한다. 누군가가 자신에게 실망스러운 모습을 보였다거나 한번 나쁜 짓을 했다고 하면 영원히 나쁜 사람으로 낙인을 찍어버린다. 겉으로 내색을 안 하더라도 서서히 그 사람을 멀리한다. 그래서 주변에 사람이 별로 없다. 자식을 키울 때도 '절대 이러면 안 된다', '무조건 반드시 이렇게 해야 한다'는 강압적인 태도로 자녀를 억압하기 때문에 본인과 자녀 모두 힘들어진다.

내가 적은 당위 진술에는 특이한 점이 있다. '절대로 거짓말을 하면 안 돼'가 아니라 '절대로 거짓말쟁이로 보이면 안 돼'라고 말하고 있다. 즉, 나는 거짓말쟁인데 거짓말쟁이인 것을 들키면 안 된다는 말이 된다. '치사하게 행동하면 안 돼'가 아니라 치사해 보이면 안 된다고 말하고 있다. 스스로 만든 기준이 도덕적이라기보다는 단지 남에게 보이는 외형만을 중시하고 있다. 이러한 당위 진술 속에서 나란 사람이 겉과 속이 다른 위선적인 사람이라는 부정적인 감정이 느껴진다.

당위 진술을 극복하는 좋은 방법이 있다. 첫 번째, 반대 극에 있는 증거를 찾아낸다. 난 무조건 원빈처럼 잘 생겨야지 사랑받는다고 생각했다. 꼭 잘생겨야지만 사랑받을까? 못생기면 사랑받지 못한다는 말인가? 평범한 얼굴이면 사랑받지 못할까? 그렇다면 반대되는 증거를 찾아보자. 유명인 중에서 찾으면 편하다. 국민 MC 유재석이 잘 생겼다고 생각하나? 못생긴 메뚜기로 통하지만 국민의 대다수가 유재석을 좋아한다. 잘생기면 좋겠지만 못생기거나 평범하게 생겨도 충분히 사랑받을 수 있다. 〈뽕뽕 지구오락실〉이란 TV 프로그램에 출연한 래퍼 이영지는 민낯의 얼굴에 개그맨보다 웃긴 표정, 우스꽝스러운 행동으로 많은 대중의 사랑을 받고 있다. 난 이영지가 너무 좋다. 이영지가 예쁜가? 그렇지 않다. 하지만 그녀가 참 사랑스럽다.

나는 떠는 건 무능하고 나약한 겁쟁이라고 생각했다. 떨지 않아야 완벽하게 느껴졌다. 그렇기에 '떨면 절대 안 된다'라는 당위 진술을 하고 있었다. 자, 증거를 찾아보자. 떨면서도 나약해 보이지 않는 사람들을 찾으면 된다. 예전에 '버럭 명수'라고 불리던 박명수가 〈무한도전〉에서 아이유와 '레옹'이란 노래를 불렀다. 연습 때는 괜찮았는데 본 공연에서 노래를 부르는데 손이 덜덜 떨리는 장면이 있었다. 그냥 떠는 게 아니라 사시나무 떨듯 떨었다. 나는 그 장면을 보면서 박명수가 무능하다거나 나약하다고 전혀 느끼지 않았다. 그저 재밌게 웃었고 '많이 떨리나 보구나' 정도로 생각했다. 가수 보아, 아이유, 심지어 세계적인 스타 아델도 무대공포증이 있다고 고백했지만 이들이 나약하거나 무능하다고 생각하지 않았다. 배우 유아인이 도올 김용옥 선생과 진행했던 〈도올아인 오방간다〉에서 덜덜 떨면서 사회를 봤다. 목소리도 떨렸다. 그런 유아인을 보며 무능하고 나약하다고 생각하지 않았다. 오히려 떨면서도 소신껏 발언하는 모습이 매우 멋있었다. 이러한 증거는 차고 넘친다. 찾으려고 조금만 신경 쓰면 금세 찾을 수 있다. 자, 그러면 '절대로 떨면 안 돼'

라는 왜곡된 사고의 생각 바꾸기 작업을 진행해 보자.

[자동적 사고 공략]

- 인지 왜곡 종류: 완벽주의 사고 오류(강박적 부담 오류, 흑백논리 사고 오류)
- 왜곡된 가짜 생각: 절대로 떨면 안 돼.
- 완벽주의 사고 오류 공략 도구: ~한다는 건 어떤 의미야? | ~하는 건 ~한다는 의미야? | 최악의 상황은? | 그게 그렇게 끔찍해? | 대응 방안은? | 증거 있어? | 100% 확실해? | 반대되는 증거는?

당위 진술은 재앙화 사고를 달고 있다. 절대로 떨면 안 된다는 말은 떨면 끔찍한 일이 벌어진다고 생각하는 것이다. 그런데 정말 끔찍한 일이 벌어질까? 그리고 그런 일이 벌어진다면 그렇게 끔찍할까? 재앙화 사고의 특징인 과장이다. 그러니 과장하지 않도록 유도해야 한다. 그리고 '절대로 떨면 안 된다'라는 말에는 조금이라도 떠는 건 실패란 흑백논리 사고를 담고 있다. 떨어도 실패가 아니라는 증거를 찾도록 유도해 보자.

자, 수호 탐정이여. 사실을 한번 밝혀내 보자!

수호 탐정: 왜 절대로 떨면 안 돼? | **완벽주의 자아:** 떨면 사람들이 나를 이상하게 생각할 거야. | **이상하다는 건 어떤 의미지?** | 뭐

가 문제가 있다고 생각할 거야. | 어떤 문제? | 뭔가 이상해 보이 잖아. | 그러니까 이상한 **게 어떤 의미지?** 그게 뭐야? | 뭔가… 덜 덜 떠는 게 굉장히 나약하고 연약하고 겁쟁이와 같이 느껴지겠 지? | 떠는 **건 겁쟁이란 의미야?** | 꼭 그런 건 아니지만 그렇게 느 껴져. | 그래? 사람들이 너를 겁쟁이로 봤을 때 벌어질 수 있는 **최 악의 상황은?** | 음…. 속으로 좀 비웃겠지. 또는 안쓰럽게 생각하 거나…. 불쌍하게 볼 것 같아서 뭔가 수치스러운 느낌이 들어. | **그게 그렇게 끔찍해?** | 응…. 싫긴 한데. 사실… 좀 과장하고 있어. 이건 진짜 끔찍한 일은 아니야. 초라하게 느껴지는 게 몹시 싫지 만, 내 몸도 멀쩡하고 충분히 살아갈 수 있어. | 좋아, 초라하고 불 쌍하게 느껴지는 건 누구나 싫어할 거야. 근데 떤다고 사람들이 널 정말로 초라한 겁쟁이로 볼까? | 음…. 그럴 것 같아. | **증거 있 어?** | 아니, 뭔가 소심해 보이잖아. 소심해 보이기 싫어. | 독심술 오류네. 소심하고 겁쟁이처럼 보인다고 **100% 확실해?** | 아니, 누 군가는 그렇게 볼 수 있을 것 같아. 한 40%? | 그럼 소심하거나 겁쟁이처럼 안 볼 수도 있다는 거네. **반대되는 증거는?** | 음…. 유 아인은 방송에서 자주 떨어. 근데 전혀 소심하거나 겁쟁이처럼 보이지 않았어. 오히려 떨면서도 소신 있게 발언하는 모습이 매 력적으로 느껴졌어. | 그럼 떠는 건 겁쟁이도 아니고 소심한 것도 아니네. | 맞아. 많은 사람이 대중 앞에서 말하는 걸 두려워해. 떠 는 건 겁쟁이가 아니라 어찌 보면 자연스러운 거야. 그리고 나는 무의식의 특징을 배웠어. 무의식은 부정문을 처리하지 못하기 때

문에 '떨면 안 된다'라는 생각을 '떨어야 해'로 받아들여서 나를 계속 떨게 만드는 거야. 떠는 건 겁쟁이를 말하는 게 아니니까 떨어도 돼. 그리고 '떨어도 돼'라고 믿어야지 내가 떨지 않을 수 있어. | 떨릴 때 **대응 방안은?** | 정말 떠는 게 싫지만, 만약 떤다고 해도 괜찮아. 충분히 매력적일 수 있어. 시도하는 게 중요한 거잖아. 계속 남들 앞에서 떨다 보면 익숙해져서 덜 떨게 될 거야. 그러니 떨어도 돼. | 좋아. 떨면 안 된다는 왜곡된 사고에 대응할 합리적인 사고는? | 떨어도 돼.

➜ 완벽주의 사고 오류에 대응할 합리적 사고: 떨어도 돼!

인정하자. 나는 떠는 사람이다. 떨어도 된다. 그리고 지금 떤다고 앞으로도 계속 떠는 것은 아니다. 우린 성장한다. 당신의 상태를 인정해야 달라진다. 인정하는 것은 당신의 문제를 똑바로 보고 직면하는 것이다. 떨면 안 된다고 말하는 것은 당신을 인정하지 않는 것일뿐더러 떨리는 상황에 대한 회피이다. 도망가면 영원히 그 문제를 해결할 수 없다.

생각 바꾸기 작업을 통해 나를 엄격하게 감시하던 엄한 뿔테 선생님이 따뜻한 친구로 바뀌었다. 당위 진술을 줄이고 더 허용적인 태도를 갖자. 다른 사람이 강박적 부담을 갖고 힘들어하면 당신은 분명히 강박적 부담을 덜어내도 된다고 안심시켜 줄 것이다. 남들에게 하는 것처럼 당신에게 좀 더 친절히 대해주고 관대해지자. 자신을 사랑하는 마음이 커지면 비로소 진정으로 타인을 사랑할 수 있게 된다.

그리고 완벽주의가 아니라 '완성주의'로 노선을 갈아타자. 어릴 때 조립식 로봇 만들기를 좋아했다. 로봇을 만들 때 중간에 잘못 끼면 해체하고 다시 조립했다. 그 과정은 항상 즐거웠다. 실수를 두려워하지도 않았다. 그때는 뿔테 선생님이 없었기에 못 해도 혼나지 않았다. 그리고 어차피 될 것을 알기 때문에 완성되어 가는 과정에서 조바심 내지 않고 많은 즐거움을 느꼈다. 그리고 완성되면 정말 좋았다. 아들도 레고를 좋아한다. 어찌 보면 돈을 주고 레고를 사서 맞추는 노동을 하는 건데 밤을 새워가며 즐겁게 맞춘다. 그렇게 차근차근 과정을 즐기며 당연히 될 것을 믿으며 시도하고 완성해 보자. 그러면 진짜 즐겁고 신바람 나게 성장할 수 있다. 당신이 인정받길 원한다면 그것이 인정받는 길이다.

조금 극단적이지만 자연스러운 얘기로 이번 글을 마무리하겠다. 세계적인 영적 스승 바이런 케이티는 책《나는 지금 누구를 사랑하는가》에서 당위 진술을 인간이 지어낸 이야기라고 말한다. 자연의 법칙은 인간이 태어나고 죽는 걸 당연하게 여기고, 지금까지 예외 없이 진행해 왔다(예수님을 제외하곤?). 당신도 언제일지 모르지만 죽는 게 자연스럽다. 하지만 인간은 '아프면 안 돼', '죽으면 안 돼'라고 거짓 이야기를 만들었다. 그 순간 고통이 창조된다. 자연스럽지 못하다. 아플 때가 되니 아픈 것이고 죽을 때가 되니 죽은 것이다. 거기서 분명 당신이 배울 게 있다. 때가 되니 나타난 것이다. 이 세상에 절대 안 되는 것은 없다. 당위 진술을 허용할수록 당신은 자유로워진다.

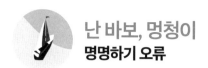

난 바보, 멍청이
명명하기 오류

〜〜〜〜〜 고등학교 연극반 선생님이었던 이연심 선생님에게 연락이 왔다.《연극 감상과 비평》이란 교과서를 쓰려고 하는데, 집필진으로 참여해달라는 내용이었다. 나의 대학교 지도교수님이셨던 공연평론가 이혜경 교수님도 참여하신다고 했다. 당황스러웠다. 당시 머릿속에 빠르게 스쳐 지나간 자동적 사고는 다음과 같다. '난 멍청한데. 무식한 내가 교과서를 쓴다고? 말도 안 돼. 이혜경 교수님은 컬럼비아대학교 유학파에 비평가시고, 이연심 선생님은 서울대학교를 졸업한 천재 같은 사람들이야. 모두 엄청나게 똑똑하지만, 난 상고 출신이야. 난 무식해.' 나는 자격이 없다고 느껴졌고 이런 생각들로 우울하고 불안했다. 나는 명명하기 오류를 범하고 있었다.

명명하기 오류는 자신이나 상대방에게 부정적인 별명 같은 명칭을 붙인다. 특히 자신이 한 행동이나 상대방의 행동이 만족스럽지 못할 때 포괄적으로 붙이는 부정적인 명칭이다. '나는 멍청해', '나는 바보야', '나는 무능력해', '나는 병신 같아', '나는 쓰레기야', '쟤는 꼴통이야', '쟤는 무식해', '쟤는 미친놈이야', '쟤는 쓸모없어'와 같이 객관적인 증거 없이 습관적으로 자신과 타인에게 부정적 별명을 붙인다.

교과서를 집필하자는 제안에 '멍청이 같은 나', '무식한 나'라고 명명하여 교과서 집필에 '쓸모없는' 존재라고 느껴졌다. 가짜 생각은 나를 우울하고 불안하게 만들었다. 자신감은 사라졌고 도전을 방해했다. 나는 어린 시절부터 공부를 못했기 때문에 나를 바보, 멍청이, 돌대가리, 꼴통으로 명명했다. 아버지나 친척들도 나를 꼴통이라고 불렀다. 당시에는 꼴통이 무슨 뜻인지 정확히는 몰랐으나 말 안 듣고 멍청한 놈으로 이해했다.

공부를 못해서 망신당한 경험도 있다. 대학교 때 1학년 필수과목으로 원어민 선생님의 영어 수업을 들어야 했다. 원어민 선생님이 무슨 말을 하는지 하나도 이해하지 못했다. 다른 친구들은 모두 잘 알아듣는 것 같았다. 동기들은 대부분 공부를 잘했다. 국민대에 들어가려면 내신과 수능점수가 좋아야 했다. 당시 국민대 연극영화과 경쟁률은 60대 1 정도였던 걸로 기억한다. 동기 중에는 수능을 한두 개 틀린 학생도 있었다. 나는 고등학생 때 받았던 연기상이 있어서 성적과 관계없이 면접과 수상실적 100%로 특차 합격했다.

원어민 선생님이 나를 지목했다. 당황했다. 뭐라고 물어봤지만 무슨 말인지 몰랐다. 모두가 나를 쳐다봤다. 나는 눈만 깜빡이고 있었다. 심장이 쿵쾅쿵쾅 뛰었다. '뭐라고 대답하지?' 눈치를 보다

"Yes"라고 답했다. 순간 다들 놀랐다. 여기저기 수군거리기 시작했다. 몇몇은 크게 웃었다. 선생님은 다시 물었다. "Really?" 무슨 말인지 몰랐지만, 다시 대답했다. "Yes." 수업이 끝나고 한 친구가 물었다. "너 진짜 결혼했어?" "아니…." "근데 왜 결혼했다고 했어?" 선생님이 한 질문은 "Are you married?(너 결혼했니?)"였다. 그 질문에 Yes라고 했으니 창피하고 망신스러웠다. 너무 한심하고 바보 같이 느껴졌다. 나중에 들은 얘기지만 내가 진짜 결혼했고 숨겨둔 애가 있다는 소문이 한동안 돌았다고 한다. 난 조금 겉늙었었다.

안산디자인문화고등학교에 근무하던 시절에 일본에 있는 고등학교에서 우리 학교를 방문했다. 선생님들과 학생들이 로비에서 일본 학생들을 맞이했다. 나는 일본어를 배워본 적이 없었다. 일본어 뜻도 모르고 친구랑 장난치며 흉내를 내본 적은 많았다. "하잇! 아리가또 쓰메끼리상! 간장찍어데스까! 하잇!" 우리 반 아이들은 제2외국어로 일본어를 배우고 있어서 나에게 인사말을 알려줬다. "와타시와 센세이데스(나는 선생님입니다)." '멋지게 인사를 해야지.' 일본 영화에서 보면 사무라이들이 목소리를 나지막이 깔고 말하는 게 멋있어 보였다. 나도 그렇게 멋있게 인사하려고 몇 번씩 연습하고 내려갔다.

일본 학생들이 늘어서 있었다. 일본어 선생님이 이런저런 얘길 했고 선생님들이 악수하고 인사를 하기 시작했다. 내 차례가 되었다. 긴장되었다. 목소리를 나지막하게 깔고 멋지게 말했다. "와타

시와 센세이데스까." 근데 의외의 반응들이 나왔다. 기대한 반응은 '멋지다'였는데 '우습다'라는 식의 반응이 많았다. 우리 반 아이들도 빵 터졌다. 모두가 키득키득 웃었다. 나는 왜 웃을까 생각했다. 옆에 있던 학생이 말했다. "선생님, '까'는 물어보는 거예요. '센세이데스까'는 '내가 선생님입니까?'라고 말씀하신 거예요." 순간 영구가 생각났다. 멋있는 척 폼은 다 잡았는데 '나는 선생님입니까?'라고 했으니 이 얼마나 망신인가? 일본 학생들은 일부러 개그를 했다고 생각한 것 같았다. 자신을 멍청하다고 생각하니 단순한 실수로 넘기지 못했다. 나는 고등학생 때까지도 산낙지가 산에 사는 낙지인 줄 알았다….

과거에 공부를 못했다는 것이 과연 지금 내가 멍청하다는 것에 대한 근거가 될까? 공부를 제대로 하는 법을 몰랐다. 생각해 보면 제대로 하지도 않았다. 고등학교 2학년과 3학년 때는 나름대로 열심히 했지만, 기초가 터무니없이 부족했으니 공부가 잘 안되는 건 어찌 보면 당연했다. 과거의 부정적 경험을 바탕으로 이름 붙인 명명하기는 비록 의미 없이 습관적으로 명명했더라도 인격 전체를 부정적으로 인식한다.

하루는 늦잠을 자서 중요한 약속 시간에 늦었다. 준비하는 내내 '난 미쳤어. 아, 진짜 쓰레기야'라고 말하고 있었다. 약속 시간에 늦어서 상대를 기다리게 하는 건 미안한 일이다. 하지만 그 어디에도 내가 쓰레기라는 증거는 없다. 상대방에게 민폐를 끼치고 싶지 않은 마음도 있지만, 그보다 나쁜 평가를 받을 것이 두려워서 나를 부정적으로 명명했다. 사소한 실수일 뿐이다. 그건 내가 미친 게 아니다. 그저 늦잠을 잤을 뿐이다. 상대에게 전화해 약속 시간에 늦을 것 같다고 미안하다고 사과하면 된다. 너무 미안하면 밥을 사든 커피를 사든 유연하게 넘어갈 수 있다. 이런 상황에서 붙인 명명하기는 자신을 정말 쓰레기처럼 생각하게 만든다. 그래서 더욱 분노케 한다. 그럼, 정말 내가 쓰레기처럼 느껴진다.

명명하기 오류를 많이 사용하는 사람은 다른 사람에게도 명명하기를 붙인다. 재수 없는 놈, 돌아이 같은 놈, 겁쟁이, 떠버리, 머저리 같은 인간, 멍청이, 게으름뱅이, 모지리, 등신 같은 놈. 명명하기는 실제보다 더 과장하여 상대를 싸잡아 비난한다. 상대를 더 무시하거나 자신을 더욱 분노하고 경멸하게 만든다. 지역 갈등이나 정치에 관해 얘기할 때 명명하기를 흔히 볼 수 있다. 전라도 깽깽이들, 보수 수구꼴통, 빨갱이 새끼들, 태극기들, 도둑놈들, 문빠, 매국노, 멍멍이, 앞잡이 등 명명하기로 인해 상대를 더 혐오하게 만든다.

자, 그러면 명명하기 오류를 공략해 보자. 나는 교과서를 쓰자는 선생님의 제안에 나를 멍청하다고 명명하여 무기력하고 우울해졌다. 자격이 없다고 생각했다. 이 가짜 생각을 생각 바꾸기 작업을 통해 수정해 보자. 지금까지 했던 것처럼 쉽다고 생각하자. 자신에게 명명하는 생각을 바꾸면 타인 명명하기는 자연스럽게 수정이 된다. 공략 방법은 명명한 내용이 사실인지 묻는 것이다. 그리고 당신을 자신 없게 만드는 명명하기의 반대되는 증거를 찾아내는 것에 중점을 두고 질문한다.

[자동적 사고 공략]

- 인지 왜곡 종류: 명명하기 오류
- 왜곡된 가짜 생각: 무식한 내가 교과서를 쓴다고? 난 멍청해.
- 명명하기 공략 도구: 100% 확실해? | 다른 가능성은? | 증거 있어? | 반대되는 증거는? | ~한다는 건 ~를 의미해?

'무식한 내가 교과서를 쓴다고? 난 멍청해.'

자, 수호 탐정이여. 사실을 한번 밝혀내 보자!

수호 탐정: 네가 멍청하다고? **100% 확실해?** | **명명하기 자아:** 아니, 100% 확실하지 않아. 하지만 나 같이 멍청한 게 어떻게 교과서를 써? 책을 써본 적도 없어. | 멍청하다는 **증거는?** | 난 공부를 못해. 글도 못 쓰고 이해력도 딸려. | 글을 못 쓴다고? 정말? | 아니, 아예 못 쓴다는 건 아니고, 잘 쓰지 못한다는 거지. | 공부를 못한다고 했는데 과거에 공부를 못했**다는 건** 앞으로도 못한**다는 걸 의미해?** | 아니, 계속 열심히 한다면 앞으로는 잘할 수는 있겠지. 하지만 지금은 멍청하잖아. | 자꾸 멍청하다고 하는데, **반대되는 증거는?** 멍청하지 않다는 증거? | 음. 나는 이해가 느린 편이지만 느리기 때문에 학생들이 이해하기 쉽게 정리해서 가르쳐 줘.

멍청하다면 그건 불가능하지. 그리고 나는 나름 논리적이고 합리적으로 사물을 바라보고 판단하는 편이야. | 아주 좋네. 그렇다면 교과서를 쓰는데 공부를 잘해야 해? 정말 자격이 없을까? **반대되는 증거는?** 네가 교과서를 써도 된다는 증거 말이야! | 음…. 나는 교과서를 써본 적이 없고, 공부를 못했지만 오랜 시간 교육 현장에서 학생들을 가르쳤어. 그러면서 많은 경험을 쌓았어. 이연심 선생님이 나를 택한 것도 당연히 자격이 있다고 생각하셨기 때문이야. 예술고등학교에서 학생을 직접 지도한다는 것은 실제로 교과서를 사용하는 사용자이기 때문에 좀 더 쉽고 현실적으로 도움 될 내용으로 구성할 수 있는 장점이 있는 거잖아. | 그럼 너는 멍청이는 아니네. | 응. 내가 멍청하다고 하는 것은 과장한 거야. 과거에 공부를 못해서 멍청이처럼 느껴졌을 수도 있어. 하지만 계속 성장하고 있어. 그리고 공부를 못한다고 멍청이는 아니야. 멍청이는 어리석고 정신이 흐리멍덩한 사람을 뜻해. 공부를 못해도 지혜로울 수 있어. 공부 못했던 걸 마치 바보인 것처럼 인격 전체를 싸잡아 매도했던 거야. | 좋아. 그럼, 합리적 사고로 정리해 볼까? | 멍청하다는 건 과장이야. 책을 쓰는 것은 처음이지만 나는 자격이 있어. 충분히 할 수 있어. | 좀 더 줄여볼까? | 충분히 할 수 있어.

→ 명명하기 오류에 대응할 합리적인 사고: 충분히 할 수 있어.

섣부른 명명하기는 인격모독이다. 당신을 부정적으로 명명하고 있다면 잘 해냈던 과거들, 점점 나아지고 있는 반대되는 증거를 찾아보자. 아는 게 적다고, 젊은 시절 공부를 못했다고 멍청이라는 건가? 플라톤은 자신의 스승에게 물었다. "소크라테스시여! 현존하는 가장 위대한 스승이 누구입니까?" 그 말에 소크라테스는 "나다!"라고 대답했다. 플라톤이 그 이유를 묻자 소크라테스가 말했다. "위대하다고 소문난 스승들을 찾아가서 확인해 본 결과 그들은 자신이 모른다는 걸 모르고 있었다. 오직 나만이 모른다는 사실을 알고 있었다. 그러기에 내가 가장 위대하다." 이 넓은 우주에 우리가 아는 게 얼마나 될까? 모르는 게 많다고 멍청이는 아니다. 기회가 왔는데 모르겠다면 지금부터 배우면 된다. 겁쟁이, 멍청이라고 명명하지 않는다면 당신은 당당히 도전하게 된다. 그리고 어쩌면 당신이 생각하는 것보다 더 많이 알고 있을지 모른다. 모든 인간은 무한한 잠재능력을 가지고 있다. 이 책을 읽고 있는 것만으로도 당신은 성장하고 있다. 그 사실을 알고 너 자신을 알라.

난 장점이 없어
장점 무시하기 오류

월요일 아침, 침대에서 일어나기가 싫다. 더 자고 싶고 더 쉬고 싶다. 일하러 가기 싫다. 사람들이 흔히 말하는 월요병이다. 월요일은 심장마비 사망률이 가장 높은 요일이라고 한다. 영국 벨파스트 건강 사회복지 트러스트와 아일랜드 왕립외과대 연구팀의 연구 결과, 월요일에 심장마비 발생 비율이 13% 증가했다고 발표했다. 스웨덴 웁살라대 연구팀은 심근경색 환자 15만 6,690명의 데이터를 분석한 결과, 월요일에 심장마비 발병 확률이 가장 높고 토요일이 가장 낮다고 밝혔다.

주말 동안 평화롭고 신나게 휴식을 취하다가 일요일 오후부터는 다음날 출근할 생각에 서서히 괴로움이 찾아온다. 직장에 보기 싫은 상사나 동료가 있는가? 하기 싫은 일이 널려 있는가? 만나고 싶지 않은 사람과 함께하고, 싫은 일을 억지로 하고 있다면 일터는 강제 노역장이 된다. 노예가 별건가? 원하는 것을 하지 못하고, 시키는 대로만 하는 것이 노예다. 그래서 많은 직장인들의 아침이 무겁고 무섭다.

나는 아침에 해야 할 일들을 잘 해낼 수 있을지 걱정하며 눈을 뜨는 날이 많았다. 맡은 업무나 오늘 해야 할 일이 있으면 잘 못할 것 같다는 생각을 자동으로 했다. 수업 준비나 새로운 진도를 나갈 때도 수업을 잘 하지 못할 것 같다고 생각했다. 그런데 참 이상하다. 나는 매년 똑같은 일을 하고 있고 항상 비슷한 수업을 하고 있다. 완전히 새로운 수업은 거의 없다. 그리고 이러한 수업이나 업무들은 작년에도 잘 해냈고 재작년에도 잘 해냈는데, 못할 것 같다고 이불 속에서 스트레스받고 있었다. 장점 무시하기 오류다.

장점 무시하기 오류는 매우 흔한 인지 오류다. 이렇다 할 근거 없이 자신의 장점을 무시한다. 장점 무시하기는 여러 가지 면에서 성장을 방해한다. 첫 번째, 작년과 재작년에도 잘했는데 지금의 능력을 부정적으로 생각하고 있다. 올해 아무리 잘해낸다고 해도 내년 이맘때 침대에서는 작년에 잘했던 장점은 무시하고 여전히 잘 못할 것을 걱정하며 직장에 가기 싫어할 것이다. 기본 세팅 값이 잘하지 못한다고 설정되었기에 나아지는 성장 단계로 진입하지 못한다.

두 번째, 다른 사람에게 공 돌리기다. 축구공, 농구공 같은 공이 아니라 공로를 말하는 것이다. 수업에서 좋은 평가를 받고 업무에서 동료 교사들에게 좋은 평가를 받은 것은 내가 잘했기 때문이다. 어느 정도 다른 사람에게 도움을 받았겠지만 내가 잘해서 만들어낸 성과이다. 그런데 장점 무시하기 오류를 가진 사람들은 다른 사람 때문에 자신이 잘 해낼 수 있었다고 생각한다. '다행이야. 애들이 말을 잘 들어줘서 수업을 잘 끝낼 수 있었어', 교과서를 멋지게 잘 써냈으면서 '교수님과 선생님이 계셔서 겨우겨우 쓴 거야'라고 생각한다. 이런 생각들은 나의 성공이 모두 다른 사람을 기준으로 맞춰져 있으므로 언제나 커다란 변수로 작용한다. 다른 사람이 못 해주면 나는 잘할 수 없다는 식의 생각이다. 그러니 성장은 고사하고 다른 사람에 의해 성공과 실패만 결정된다.

세 번째, 성공한 일을 별것 아닌 일로 치부한다. 며칠 동안 준비한 중요한 발표를 성공적으로 마치고서 '바보, 이 발표를 왜 이렇게 걱정했지. 별것도 아니었잖아'라고 평가 절하한다. 어렵지 않고 누구나 할 수 있는 쉬운 일, 중요하지 않은 일을 한 것뿐이니 자신이 해낸 일은 별로 없는 것이다. 성공해도 이번엔 쉬웠지만 다음번에 어려운 상황을 만날 테니 항상 불안하다.

네 번째, 운 탓으로 돌리기다. 나는 안산디자인문화고등학교에서 정교사로 근무했었다. 정교사가 되기 위해선 필기시험과 수업 시연, 면접 평가를 봐야 한다. 필기시험은 일곱 개의 교직과목을 공부해야 한다. 교육학개론, 교육철학, 교육과정 및 교육평가, 교육공학, 교육 사회, 교육심리, 교육행정이다. 책도 매우 두껍다. 교직 공부가 어려워서 임용고시라는 말이 붙었다. 나는 이 시험에 합격하여 당당히 정교사가 되었다. 그리고 학교를 옮겨 고양예술고등학교의 정교사 시험을 통과해 두 번째 정교사가 되는 영광을 누렸다. 그럼에도 마음속으로 이렇게 생각했다. '내가 시험을 잘 본 건 시험문제가 쉽게 나온 거야. 다행히 내가 공부한 부분이 나왔어. 운이 좋았어.' 운이 좋았을 수 있다. 하지만 운도 반복되면 실력이다. 내가 열심히 해서 이룬 성과였지만 이 생각 어디에도 나에 대한 칭찬은 없다.

자, 장점 무시하기 오류를 공략해 보자. 일반적으로 선생님들은 같은 수업을 여러 반에서 반복한다. A반에서 수업을 잘했으면, B반과 C반에서도 잘할 것이다. 나는 A반 수업을 잘하고서도 A반 학생들이 잘 협조해 줬기 때문이라고 학생의 공으로 돌리거나 운이 좋아서 잘했다고 생각했다. 그렇기 때문에 B반 수업을 못 하면 어쩌나 걱정했다.

[자동적 사고 공략]

- 인지 왜곡 종류: 장점 무시하기 오류
- 왜곡된 가짜 생각: A반 수업이 잘 된 이유는 애들이 잘 따라줬기 때문이야. 그리고 왠지 갑자기 말이 좀 잘 나왔어. 운이 좋았어. B반 수업은 잘못할 것 같아.
- 장점 무시하기 공략 도구: 100% 확실해? | 증거는? | 대응 방안은?

장점 무시하기 공략 포인트는 당신이 가진 장점을 찾는 것이다. 앞서 설명한 네 가지, 즉 잘하지 못할 것이라는 기본 세팅, 공 돌리기, 별것 아닌 일로 치부하기, 운 탓으로 돌리기를 하며, 장점을 깎아내리진 않았는지 점검한다. 그리고 완벽주의를 추구하고 있었던 것이 아닌지, 완벽하지 않아서 장점을 무시하지 않았는지 질문해 보자.

자, 수호 탐정이여. 사실을 한번 밝혀내 보자!

수호 탐정: B반 수업은 잘 못할 것 같다는 것이 **100% 확실해?** |
장점 무시하기 자아: 아니, 100%는 아니야. 잘 못할 수도 있으니까 걱정되는 거야. | 못할 확률이 어느 정도 될 것 같아? | 한 30~40%? | 그 정도면 잘할 확률이 훨씬 높네. | 응 맞아. 근데 못할 확률이 어느 정도 높잖아. | 완벽해야지만 된다는 흑백논리적인 사고가 있는 것 같아. 인간은 완벽할 수 없다는 거 알고 있지? | 응, 알고 있어. 하지만 잘 하고 싶어. | 누구나 잘 하고 싶어해. 잘하는 것은 좋지. 하지만 현재 가진 것보다 더 잘하려는 건 놀부 심보, 도둑놈 심보인 거 알지? 있는 만큼만 해도 A반 수업에서 충분히 잘했잖아. | 그건 그래. 근데 상황이 달라진다는 변수가 있잖아. | 달라질 수 있는 변수는 뭐가 있어? | 애들이 말을 안 들어서 수업 분위기가 안 좋을 수도 있고, 반응이 없을 수도 있고, 내가 수업 내용을 까먹을 수도 있어. | 애들이란 변수는 네가 어떻게 할 수 있는 거야? | 아니, 반마다 분위기가 달라. 그건 내가 어떻게 해볼 수 있는 것은 아니니까 그냥 수용해야 할 것 같아. | 좋아. 그럼, 수업 내용을 까먹을 수 있다는 **증거는?** | 사실 그 가능성도 희박해. 중요한 수업 내용을 메모해 가니까 맞지 않는 말이

야. 까먹는다고 해도 수업 자료를 보고 빼먹은 부분이 있으면 보충 설명하면 돼. A반에서 수업을 잘했고 전달할 내용도 다 잘 전달했어. 그건 분명 내가 잘 해낸 거야. | 그런데 왜 그렇게 불안해하는 거야? | 우선 내가 어쩔 수 없는 변수를 너무 크게 생각한 거 같아. 그건 나의 영역이 아니야. 애들이 잘 안 따라주는 것을 나의 실력 문제로만 볼 수 없어. 왜냐면 대부분의 선생님이 특정 반에서 수업하길 힘들어 하시거든. 근데 생각해 보니까 그동안 수업하기 힘든 반이 거의 없었어. 이건 큰 장점인데! | 좋아. 만약 특정 반에서 학생들이 잘 안 따라왔을 때 **대응 방안은?** | 애들이 잘 안 따라줘도 나는 내가 해야 할 말이나 가르침만 정확히 알려주면 돼. 그게 내가 할 일의 전부야. 즐거운 분위기가 형성이 안 된다고 해도 그게 수업을 못했다는 의미는 아니잖아. 너무 완벽한 것을 기대했고 완벽하지 못하면 수업을 잘 해낸 나의 장점을 무시했나 봐. | 결국 완벽한 기준을 충족하지 못할 것 같아서 잘 해낸 것까지도 깎아내렸구나? | 맞아. 변수와 완벽주의를 기준으로 잘 못할 거라고 생각하니 자신감이 없었어. 확률상 잘할 확률이 더 높아. 방금 잘했는데 다음에 못한다니 그건 근거도 없고 말도 안 되잖아. | 잘 못할 것 같다는 장점 무시하기에 대한 합리적 사고는? | 잘했으니 잘할 거야. 내용만 잘 전달하자.

→ 장점 무시하기 오류에 대응할 합리적인 사고: 잘했으니 잘할 거야. 내용만 잘 전달하자.

수정된 합리적 사고를 가지고 수업에 임하면 B반과 C반 수업에 대한 걱정이 놀라우리만치 사라진다. 당신이 한 일에 대해서 괜찮았다, 잘했다고 인정하자. 사소한 것일지라도 당신이 이룬 성과를 칭찬하자. 거기서부터가 새롭게 만들어지는 기준점이다. 그래야 장점이 차곡차곡 쌓인다. 가장 좋은 방법은 기록하는 것이다. 일기나 메모지, 블로그에 당신이 이룬 모든 업적을 기록해 두자. 이러한 기록들이 당신의 무기이자 강점이 된다. 할 수 있다는 자신감이 생기고 성장이 시작된다. 당신의 장점을 무시하고 있다면 꼭 이렇게 대응하자. '잘했으니 잘할 거야.'

모르겠고, 불안하지 않은 게 가장 중요해
정신적 여과 오류

얼마 전 태국 여행을 다녀온 동료 교사 유혜림 선생님이 다람쥐 모양이 그려진 드립커피를 사 왔다. 태국에서 엄청 유명한 커피라고 했다. 향이 좋고 달콤하면서도 깊이감이 느껴지는 맛이었다. 드립커피를 먹는 방법은 먼저 커피 여과지에 잘게 부순 커피를 담는다. 여과지는 커피를 걸러내는 장치이다. 그 위에 따뜻한 물을 붓는다. 그럼, 여과지에는 커피의 잔여물이 남고 컵으로 맑은 커피가 내려온다.

커피 여과지가 커피 찌꺼기를 걸러낸 것처럼 우리 마음속에는 특정 감정을 걸러내는 정신적 여과 장치가 있다. 정신적 여과 오류는 어떤 일을 경험했을 때 부정적인 몇 가지 감정들만 걸러낸다. 긍정적인 생각, 감정은 모두 빠져나가고 여과지에 남아있는 몇 가지 부정적인 생각, 감정으로 전체 경험을 해석한다. 여과지를 통과하지 못하고 남아있는 부정적 생각은 마음속에 남아 우리를 힘들게 한다. 긍정 10개, 부정 2개를 정신적 여과지에 통과시키면 긍정 10개는 통과해서 사라지고 부정 2개가 여과지, 즉 우리의 마음에 남아있게 된다. 보통 12개의 평가 중 긍정적인 평가가 10개면 매우 우수한 편에 속한다. 하지만 정신적 여과 오류를 지닌 사람들은 긍정 10개는 중요하지 않다고 생각하여 무시한다. 걸러지지 않은 부정 2개로 전체를 해석한다.

학교에서는 매년 학생들의 이름을 밝히지 않고 무기명으로 교사 평가를 한다. 42명의 학생이 나에 대해 평가한 내용을 있는 그대로 옮겨보았다.

— 1. 다양한 수업과 다양한 설명을 해주신다. 2. 체계적인 수업방식이 좋습니다. 3. 조언하실 때 차분히 잘해 주신다(화내지 않고). 4. 체계적으로 학생들을 잘 가르치십니다. 5. 엄청 자세하게 많은 걸 가르칩니다. 6. 열정적으로 수업해주시고 새로운 것들을 많이 알게 해주시는 것이 너무 좋습니다. 7. 편안하고 친절하시어 연기 방법을 좋은 방향으로 잡고 갈 수 있게 유도해주심. 8. 가끔 어색한 분위기를 풀어주시려고 농담을 해주실 때 수업 분위기가 더 좋아지는 것 같아서 너무 즐겁고 좋다. 9. 유쾌하게 수업을 잘 끌어 나가신다. 여어 열정!! 10. 진지하고 열정적이시다. 11. 열정적이십니다. 12. 수업이 체계적이고 하루하루마다 어떤 걸 배울 수 있는지 정확히 알 수 있음. 13. 피드백을 해주실 때 제가 느꼈던 것, 느끼지 못했던 것까지 콕 잡아서 말씀해주셔서 개선하는데 많이 도움됩니다. 14. 실기 위

주의 수업과 보충 설명으로 밀도 있는 수업을 진행해 주심. 15. 항상 좋은 말씀을 많이 해주시고 연기를 어떻게 하면 조금 더 접하기가 쉬운지 그리고 분석 등이 중요한 이유를 많이 설명해 주셔서 좋습니다. 16. 차분하시고 냉철하시다. 17. 굉장히 차분하세요. **18. 조금 더 지적을 해 주시면 좋겠다.** 19. 연기에 대해 더 잘 알게 되었습니다. 20. 화를 내시는 게 아니라 차분히 말씀하시는데 좋은 말들은 다 있다. 21. 항상 저희를 기다려 주시고 저희가 스스로 감을 찾을 수 있도록 도와주십니다! 22. 어떤 문제가 있는지 빠르게 파악하고 그에 맞는 해결 방법을 주셔서 실기 능력이 향상되는 느낌을 받는다. **23. 다양한 이론 수업이 있지만 활동적인 수업이 조금 더 있으면 좋겠다.** 24. 정말 친구 같은 선생님처럼 다정하시고 모든 수업을 할 때마다 배울 것이 많다. 정말 좋습니다. 25. 우리를 좋은 방향으로 항상 이끌어 주신다. 늘 항상 차분하게 수업하시는데 집중이 잘된다. 잘못된 점이 있으면 바로바로 짚어주신다. 26. 즉흥연기, 에쮸드, 동물 따라 하기 등 활동들을 많이 하며 기초연기를 많이 배울 수 있었다. 수업을 언제나 알차게 보내신다. 27. 연기할 때 문제점을 정확히 지적해 주시고 연기 수업이 기대됨. 28. 열정적. 29. 감사했습니다. 30. 착하시다. 좋으시다. 31. 잘 가르쳐주신다. 32. 친절하시고 연기를 친절하게 알려주신다. 33. 그만 멋져주세요. 너무 눈이 부십니다. 34. 잘 가르쳐주신다. **35. 수업시간이 지루하지 않도록 더 알차게 수업해 주세요. 너무 차분하십니다.** 36. 제시 대사를 더욱 편하게 할 수 있도록 해주셔서 좋다. 37. 언제나 학생들에게 관심을 가져주십니다. 38. 제시 대사도 잘 가르쳐주시고 연기과 학생들을 많이 위하신다. 39. 중간중간에 내뱉으시는 개그가 재밌고 공간에 따른 소리 크기 등을 잘 배운 것 같아요. 40. 함께 하는 수업 시간이 짧아서 아쉬웠습니다. **41. 가르치실 때 조금 더 쉬운 표현을 써주셨으면 좋겠다.** 42. 수업 안에서 굉장히 많은 걸 주시려고 노력하시고 학생들에게 잘 대해주신다.

42개의 평가 중 38개는 좋았다는 평가였고, 4개는 조금 아쉽거나 바라는 점을 적었다. 나는 38개의 긍정적인 평가는 정신적 여과 장치에 넣어 흘려보내고, 부정적인 4개의 평가만을 가슴에 남겼다. 심지어 긍정적인 평가는 다 읽어보지 않았다. 기억에 남지도 않는다. 38명의 학생이 좋게 평가한 것은 나의 수업이 매우 괜찮다는 증거다. 그럼에도 독심술을 사용하여 부정적으로 작성한 4명의 학생이 눈치 안 보고 솔직하게 평가한 것이라고 왜곡해서 생각했다.

'내 수업이 그렇게 지루한가?', '내가 수업할 때 모호하게 가르치나? 너무 어려운 표현을 쓰고 있나?', '수업이 활동적이지 못했구나'. 이 생각에 집중할수록 내가 별로인 교사처럼 느껴지고 우울해졌다. '열심히 했는데 날 이렇게 평가한다고?' 조금은 화가 났다. 그리고 날 싫어하는 학생들이 있다고 생각하면 마음이 불안해졌다. 38개의 긍정적 평가에 기분이 좋아야 하는데 4개의 부정적인 평가가 훨씬 강력하여 부정적인 감정으로 작용했다.

정신적 오류가 있는 사람이 100명의 청중 앞에서 강의한다면 졸고 있는 3명 때문에 강의를 못했다고 평가한다. 97명이 매우 잘 듣고 있는데도 말이다. 이것이 정신적 여과 오류이다. 9번, 10번, 11번에서는 연달아서 수업이 열정적이라고 말하고 있는데, 나는 지루하다고 말한 한 명의 말만 받아들여 전체 수업을 평가했다. 만인을 사랑하신 예수님도 모두를 만족시키지 못하고 박해받고 돌아가셨다. 국민이 뽑은 대통령도 지지율 60%를 넘기기가 어렵다. 모두를 만족시킬 수는 없다. 98점을 받고서도 부족한 2점을 생각하면서 '왜 나는 항상 이 모양일까?'라고 생각한다면 과연 언제쯤 행복할 수 있을까?

남들 앞에서 발표하면 대부분의 사람은 내 발표를 좋게 평가한다. 그러나 정작 나는 발표가 망했다고 생각한다. 왜냐면 떠는 것에만 집중했고 언제나 조금씩은 떨리기 때문이다. 발표가 망했다고 생각하면 기분이 우울하다. 발표에서 좋았던 점 10개는 여과지에 통과되고, 떨린 것 한 개로 발표 전체를 망했다고 평가한다. 전체를 보지 않고 부정적인 세부 항목에만 지나치게 관심을 가진다.

발표에서 가장 중요한 것은 전달할 내용이다. 좋은 발표란 내용이 잘 전달되도록 적절한 목소리의 크기, 적절한 말의 빠르기, 적절한 발음, 적절한 제스처와 시선 처리 등이다. 정신적 여과지를 빼버렸다면 이를 종합해서 분명 자신을 좋게 평가했을 것이다.

정신적 여과는 특히 당위 진술에 해당하는 것들을 주로 걸러낸다. '절대 어색하면 안 돼'라는 당위 진술은 어색한 태도에만 집중하고 평가하는 경향이 있다. '절대 지루하면 안 돼'라고 생각하는 사람은 관계에서 지루한 것에만 집중한다.

닐 사이먼의 〈굿 닥터〉라는 연극 작품에 소심한 주인공 이반이란 말단 공무원이 등장한다. 연극을 보기 위해 부인과 극장에 갔다가 우연히 직속 상관인 장관 부부를 만난다. 이반은 장관에게 잘 보일 수 있는 기회라고 생각하고 먼저 다가가 인사를 한다. 장관 부부와 가족 간의 인사도 나누며 긍정적인 관계를 맺고 가까워졌다고 생각했다. 그런데 이반이 실수로 장관의 머리에 재채기를 한다. 이후 이반은 장관에게 터뜨린 재채기만 생각하며 괴로워한다. 정작 장관은 기억도 못하는 재채기 한 번을 치명적인 실수라고 생각하며 최악의 상상을 하다가 장관을 찾아간다. 신경 쓰지 말라는 장관의 말에 이반은 용서를 받았다고 생각했으나, 집에 와서 생각해 보니 장관이 자신을 무시했다는 생각에까지 이른다. 부당한 대우에 화가 난 이반은 다음 날 장관을 다시 찾아가서 따진다. 이반은 그 자리에서 또다시 재채기를 하는 실수를 범하고, 분노한 장관은 이반에게 무자비하게 욕을 퍼붓는다. 집으로 돌아온 이반은 신경이 쇠약해져 자다가 죽는다. 이반은 장관과 좋은 관계를 맺을 수 있었다. 하지만 사소한 실수인 재채기에 대해서만 생각하다가 결국 스트레스로 인해 죽었다. 부정적인 측면에만 집중하다 보니 관계도 망가지고 목숨도 잃었다.

대인관계에서 부정적인 일부 행동을 전체로 보고 반응하면 상대방에게서 다시 부정적인 피드백을 받을 가능성이 커진다. 좋은 관계를 위해서, 그리고 살기 위해서라도 부족한 것은 그만 걸러내자. 부족한 것만 걸러내면 아무리 잘해도 불행한 삶이다. 과감히 정신적 여과지를 빼버리자. 그러면 사람과의 관계에서 단점보다 장점을 보게 된다. 상대를 긍정적으로 평가하면 긍정적인 관계가 될 가능성이 커진다.

정신적 여과지를 빼는 방법은 진짜 중요한 것으로 초점을 이동시키면 된다. 발표할 때 가장 중요한 것은 불안이 아니다. 발표할 내용이다. 불안하더라도 중요한 건 내용이다. '내용만 잘 전달하자'라고 생각하며 최선을 다해서 발표하면 된다. 그리고 내용이 잘 전달됐으면 칭찬하자. 사람들을 만날 때도 기분이 불안하거나 우울하거나 화가 난다면 당신의 생각을 알아차리고, 부정적인 감정을 유발하는 왜곡된 가짜 생각에서 실제로 중요한 것으로 초점을 이동시키자. 관계에서 중요한 건 당신의 불안이나 우울함이 아니다. 소통이다. '소통하자'에 초점을 맞추자.

우울함을 색으로 표현하면 어둡고 누런 색깔일 것이다. 우울한 색안경을 끼고 세상을 보면 온 세상이 우울하게 보인다. 우울하고 화나고 불안한 색안경을 벗어버리면 이 세상은 얼마나 다채롭고 아름다운 색으로 가득 차 있는지 보게 될 것이다. 당신은 할 수 있다. 안경을 낄지 말지 당신이 선택할 수 있다. 안경을 벗기로 결심하고 그곳에서 행복을 만끽하자.

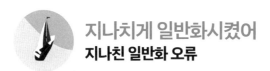

지나치게 일반화시켰어
지나친 일반화 오류

〰〰〰〰〰〰 달리기가 매우 빠른 초등학교 5학년생이 있었다. 전교에서 가장 빨랐다. 다른 지역의 초등학교 축구부에서 이 학생을 매우 탐냈고, 체육 선생님에게 스카우트 제의를 했다. 체육 선생님은 이 학생과 학부모에게 그 사실을 알렸다.

학생은 테스트를 받기 위해 봉천초등학교에 찾아갔다. 먼저 달리기 테스트였다. 달리기 상대는 봉천초등학교에서 가장 빠르다는 6학년 형이었다. 두 사람은 출발선에 섰고, 축구부 감독님과 코치님은 어떤 결과가 나올지 기대하고 있었다. 봉천초등학교 축구부원들 모두 재밌다는 듯이 호기심 어린 눈으로 쳐다보고 있었다. 출발 신호와 함께 두 사람이 달렸다. 초등학교 5학년 학생이 가볍게 승리했고 다들 놀라워했다.

감독님의 기대치는 더욱 올라갔다. 바로 연습경기에 투입됐다. 좀처럼 이 학생에게 패스가 오지 않다가 멀리 앞쪽으로 공이 굴러

왔다. 감독님이 외쳤다. "빨리 가서 잡아! 잡아!" 학생은 공을 향해 전력 질주를 했다. 매우 빨랐다. 그리고 두 손으로 공을 잡았다. 정적이 이어졌다.. 다들 어안이 벙벙했다. 곧이어 여기저기서 웃음이 터졌다. 그렇게 연습경기는 끝이 났다. 이 학생이 바로 나다.

감독님이 물었다. "축구를 해본 적이 없니?" 가끔 학교 체육 시간에 축구하라고 하면 몇 번 공을 차본 게 전부라고 했다. 그렇게 허무하게 집으로 돌아왔고 나는 축구를 정말 못하는 사람이라고 생각했다. 아버지는 어이없어하시며 웃었다. 봉천초 감독님은 나를 좋게 본 모양인지 며칠 뒤 같이 축구를 하자고 다시 연락이 왔다. 고민 끝에 안 가기로 했다. 아버지가 아쉬워했던 게 기억난다. 성인이된 후에도 그때 축구를 했더라면 축구 스타가 될 수도 있었을 것이라며 아쉽다는 말씀을 하셨다. 당시 나는 친구들과 헤어지기 싫었다. 그리고 무엇보다 속된 말로 개발이었다. 축구공을 손으로 잡는 내가 무슨 축구를 한단 말인가?

지나친 일반화 오류는 한두 번의 사건이나 경험을 지나치게 확대해서 일반화시킨다. 나는 배워도 안 된다고 생각했다. 축구를 제대로 배워본 적이 없으면서 몇 번의 경험으로 못할 거라고 지나치게 일반화시켰다. 한번 못하면 일반적으로 못하는 거다. 한 번 잘하면 일반적으로 잘하는 것이다. 하지만 처음부터 잘하는 경험을 하기는 매우 어렵다. 그러다 보니 지나친 일반화는 부정적인 일반화로 나타나는 경우가 많다.

당신이 소개팅을 나갔다고 가정해 보자. 매력적인 상대가 나와 기분이 좋았다. 하지만 상대방은 당신을 맘에 들어 하지 않았고 다시 만날 약속을 잡지 못했다. 기분이 좋지 않았지만, 큰 문제는 없었다. 다시 소개팅을 잡으면 되기 때문이다. 만약 당신에게 지나친 일반화 오류가 있다면 당신은 맘에 드는 여성에게 차인 한 번의 경험을 지나치게 일반화해 모든 여자가 당신을 싫어한다고 생각할 수도 있다.

우울증이 있는 사람들은 어떠한 한 가지 일이 잘 안 풀리면 '나는 항상 이런 식이야', '난 역시 쓰레기야', '왜 나한테 매일 이런 일이 생겨?', '나는 늘 바보 같아'라고 생각한다. 하나의 사건을 자신의 못난 인격이라고 확대해서 일반화시킨다. 항상 그렇지 않은데도 불구하고 입에는 '항상', '언제나', '늘', '매일'이라고 말한다.

상대방에게 지나친 일반화를 적용하는 때도 있다. 아내와 말다툼한 적이 있다. 그때 아내가 내게 "어쩌면 한 번도 청소를 안 해?"라고 말했다. 자주는 아니지만 가끔 집안 청소를 했다. 가끔이긴 하지만 한 번도 안 했다는 말에 조금은 억울했다. '나는 네가 한 번도 열심히 한 걸 본 적이 없어', '넌 늘 그런 식이잖아', '모두 다 똑같아', '모두가 널 싫어해'. 사람들은 생활 속에서 은근히 이런 말을 많이 한다.

명명하기 오류와 비슷한 면도 있다. 중국인을 짱깨라고 부르며 무시한다거나, 일본 쪽발이 놈, 경상도 자식들, 태극기 부대들, 전라도 자식들, 민주당 놈들, 빨갱이들이라고 말하는 것도 개별적 특징을 싸잡아서 일반화한 것이다.

지나친 일반화가 위험한 이유는 부적응적 사고나 완벽주의 사고처럼 한 번 못한다고 인지한 것에 대해 시도조차 하지 않는다는 것이다. 처음 축구를 하는 사람이 과연 축구를 잘할 수 있을까? 지나친 일반화 오류를 가진 사람은 몇 번 해서 못하면 못하는 것으로 생각한다. 그래서 성장보다는 재능을 믿는다. '재능이 있어야 잘할 수 있어', '공부도 재능이 있어야만 잘할 수 있어', '사업 그거 함부로 하지 마라. 패가망신한다. 사업을 잘할 수 있는 재능이 있는 거다'.

재능을 무시하는 건 아니다. 두뇌 회전이 빠른 사람이 있고 운동신경이 뛰어난 사람이 있다. '모든 사람은 재능이 있다. 하지만 능력은 노력을 필요로 한다.' 농구 황제 마이클 조던이 한 말이다. 조던은 고등학교 2학년 때까지 고교대표팀 후보에도 들어가지 못했지만 포기하지 않고 실패를 기꺼이 감수했다. 성공하기 위해서는 실패하는 법부터 알아야 한다고 생각했다. 실제로 그는 경기에서 9,000번이나 슛을 놓쳤고 그것이 자신이 성공한 비결이라고 말했다. 고통이 자신의 스승일지라도 배움은 축복이란 생각으로 수많은 시간을 연습에 할애했고 역사상 최고의 농구선수가 되었다.

말콤 글래드웰은 책《아웃라이어》에서 '1만 시간의 법칙'을 소개한다. 여러 실험을 통해, 재능보다 올바른 방법으로 일정 시간을 투자하여 반복된 훈련을 한다면 모두 위대해질 수 있다고 말한다. 이것을 의식적인 연습이라고 말했다. 요점은 재능이 있다면 좋겠지만,

재능이 없어도 성장하고 발전할 수 있다는 사실이다. 재능이 있어도 성공하기 힘든 이유는 의식적인 연습이 힘들기 때문이다.

축구를 처음 하는 대부분의 사람은 공을 제대로 차지 못한다. 너무나 당연한 경험임에도 불구하고 나는 축구를 못한 첫 경험을 지나치게 일반화시켜 축구에 재능이 없는 사람으로 낙인찍었다. 축구에 관심이 없었으니 크게 상관은 없지만, 만약 축구선수가 되고 싶은 사람이 축구를 못한다는 지나친 일반화 오류를 갖고 있는 경우라면 어떨까? 축구를 못한다는 일반화된 생각은 축구를 못하는 사람이라고 명명하기, 부적응적 사고, 장점 무시하기 등으로 발전한다. 내가 오랜 시간 당구를 쳐도 '당구를 못 친다'라는 부적응적 사고로 인해 실력 향상에 어려움을 겪은 것처럼, 축구를 아무리 배우고 연습해도 제한적으로 사고하게 되면서 한숨 쉬는 날이 늘어난다.

지금 자신이 하는 일이나 새로운 일을 시작하는데 발전이 더디거나 정체되어 있다면 지나친 일반화 오류를 의심해 보길 바란다. 지나친 일반화 오류에 대한 대응은 재능형 사고가 아닌 성장형 사고로 수정하는 것이다. '연습하면 나아진다.' 시도하지 않으면 발전은 없다. 그리고 '매번, 항상, 언제나, 모두'와 같은 단어를 많이 사용한다면 한두 가지 사건을 통해 급하게 일반화시킨 건 아닌지 자신을 점검해 볼 때다.

버림받은 내면 아이
왜곡된 핵심 신념 바꾸기

지금까지 왜곡된 가짜 생각에 대한 생각 바꾸기 작업을 했다. 왜곡된 생각을 수정하다 보면 대부분 인지 오류에 근거가 없다는 공통점을 발견하게 된다. 당신은 당신 생각에 의문을 품고 법정의 검사처럼 타당한 증거를 제시하면 된다.

인지 오류가 한두 개뿐인 사람이 있는 반면, 여러 개가 있어서 좌절하는 사람도 있다. '너무 심각한데? 나는 안 되는 거 아닐까? 이걸 언제 다 수정하지?' 막막하겠지만 앞선 사례에서 봤듯이 나는 모든 인지 왜곡을 가진 사람이다. 날 보고 용기를 얻기 바란다. 지금부터 최소 10주 이상 생각 바꾸기 작업을 수행한다. 생각을 알아차리고, 적고, 공략하는 것이 헷갈리고, 쉽지 않았을 수도 있다. 충실히 작성하다 보면 4주 차만 되어도 감이 온다. 천 리 길도 한걸음부터다. 처음부터 잘하는 사람은 없다는 것을 다시 한번 명심하고 포기하지 않았으면 좋겠다. 부디 먼저 경험하고 나아진 내 말을 믿고 해보길 바란다. 운전을 배운다고 생각하자. 자유롭게 당신의 차를 운전하는 모습을 상상하면 배우는 과정이 즐겁다. 생각 바꾸기 작업을 괴롭게 여기지 말자. 자유로워질 당신에게 초점을 옮겨 탐구하는 과정에 즐거움을 느꼈으면 좋겠다.

10주 동안 생각 바꾸기 작업을 해보면 비슷한 생각을 반복적으로 하고 있다는 것을 알게 된다. 그 생각들을 파헤쳐서 내려가다 보면 인지 오류의 근원이 되는 공통적인 뿌리 생각을 마주하게 된다. 이것을 뿌리 생각 또는 핵심 신념, 핵심 사고라고 한다. 내가 하는 자동적 사고의 뿌리에는 '버림받으면 안 된다'라는 강력한 핵심 신념이 자리 잡고 있다. 누구나 살면서 버림받는 느낌을 받는다. 그 느낌은 매우 두렵고 고통스럽다. 대부분의 사람이 '버림받으면 안 된다'라는 핵심 신념을 갖고 있다. 진짜 버림받지 않더라도 부모에게 거절당하거나 거부당한 경험, 친구나 사회에서 인정받지 못한 경험들이 버림받은 느낌을 수반한다. 특히 어린 시절 양육자로부터 받은 거절, 수용되어지지 못하고 인정받지 못한 경험은 당신의 내면 깊은 곳에 버림받은 상처로 남아있다. 이 상처는 스스로 할 수 있는 게 없었던 어린 시절 죽음의 공포와도 같다. 버림받은 상처는 성인이 된 이후에도 해소되지 못하고 고스란히 남아있다. 이것이 당신 안에 버림받은 내면 아이다. 내면 아이는 정신적 여과장치다. 상처가 들어오면 걸림이 생겨 통과시키지 못한다. 상처가 많을수록 버림받은 내면 아이는 커진다. 버림받지 않기 위해 발악하듯 저항하며 애를 쓴다.

집안에 개미가 나타났을 때 개미를 없애는 방법은 크게 두 가지다. 첫 번째는 눈에 보이는 모든 개미를 한 마리씩 잡는 것, 두 번째는 약을 써서 여왕개미를 죽이거나 다른 곳으로 옮기는 것이다. 우리 마음 깊은 곳에서 상처받은 내면 아이가 갖고 있는 핵심 신념을 파악하고 수용해주면 나머지 인지 오류도 쉽게 공략할 수 있다.

우선 상처받은 내면 아이를 찾아보자. 이 방법은 더 단순하다. 표면의 자동적 사고에서 파고 들어간다. 어떤 종류의 인지 오류든 왜곡된 가짜 생각을 찾았으면 왜 그런지, 어떤 의미인지 끝까지 묻는다. 재앙화 사고 오류를 공략하는 질문처럼 최악의 경우 어떤 결과가 나타나는지 물으면 가장 밑에 있는 뿌리 생각이 드러난다.

[명명하기 오류]

난 멍청이야. | 멍청이가 **어떤 의미야?** | 멍청한 건 내가 바보 같다는 거지. | 바보같다는 건 **어떤 의미야?** | 쓸모없는 놈이지. | 쓸모없어지면 **최악의 경우 어떻게 되는데?** | 쓸모없어지면 난 혼자 남겠지. | **왜?** | 사람들이 날 싫어할 테니까. | 사람들이 싫어한다는 건 **어떤 의미야?** | 사람들이 나를 멀리하겠지. | **왜?** | 싫어하니까. 누구도 싫어하는 사람과 함께 하고 싶지 않잖아. 난 사람들에게 거부당하고 싶지 않아. 쓸모가 없는 물건이 쓰레기통에 버려지듯이 나도 버려진 느낌이 들어. 난 버림받고 싶지 않아. 버림받은 느낌은 너무 아프거든. 세상에 혼자인 그 기분, 마주하고 싶지 않아.

[강박적 부담 오류]

절대로 떨면 안 돼. | **왜?** | 떨면 사람들이 나를 이상하게 볼 거야. | 이상하게 본다는 건 **어떤 의미야?** | 나에게 문제가 있다고 생각하겠지. | 문제가 있으면 **최악의 경우 어떻게 되는데?** | 사람들이 나를 안 좋아하겠지. | 안 좋아하면 **어떻게 되는데?** | 쓸쓸하겠지. 버림받고 세상에 혼자인 기분을 느끼겠지.

[흑백논리 오류]

나는 모든 면에서 완벽해야 돼. | **왜?** | 완벽해야 사람들이 나를 인정하지. | 인정한다는 건 **어떤 의미야?** | 사람들이 나를 좋게 보는 거지. 대단하게 보거나. | 대단하게 보지 않으면 **어떻게 되는데?** | 어떻게 된다기보다 보잘것없는 나를 알면 관심이 없어지거나 무시하겠지. | 보잘것없는 너라는 건 **무슨 의미야?** | 난 나약하고, 치사하고, 이기적이고, 결핍 덩어리야. 거기다 위선적이고 더러운 생각들로 가득 차 있어. | (그건 모두의 마음속에 있는 자연스러운 것인데…) 그걸 알면 사람들이 널 싫어할 거라는 거야? | 응, 누가 좋아하겠어. 난 사람들에게 거부당하고 싶지 않아. 버림받은 느낌은 너무 괴로워.

[독심술 사고 오류]

나를 무능력하다고 생각하고 있어. | 다른 사람이 너를 무능력하다고 생각하면 **어떻게 되는데?** | 쓸모없다고 생각하겠지. | 쓸모

없다는 건 **어떤 의미지?** | 귀찮은 존재인 거야. 사람들이 나를 찾지 않는다는 의미지? | **왜?** | 나를 안 좋아할 테니까. 쓸모없는 사람을 누가 좋아하겠어. 사람들이 나를 꺼림칙하게 생각하는 게 싫어. 난 버림받은 느낌을 받고 싶지 않아.

[재앙화 사고 오류]

떠는 건 끔찍해. | 떨면 **어떻게 되는데?** | 떨면 사람들이 날 이상하게 생각할 거야. | 사람들이 이상하게 본다는 건 **어떤 의미야?** | 나에게 문제가 있다고 생각하겠지. | 문제가 있으면 **최악의 경우 어떻게 되는데?** | 사람들이 나를 안 좋아하겠지. | 안 좋아하면 **어떻게 되는데?** | 쓸쓸하겠지. 버림받고 세상에 혼자인 기분을 느끼겠지.

대부분 사람은 나처럼 버림받는 것을 두려워한다. 하지만 겉으로 보기에는 그렇지 않다고 생각할 수도 있다. 마치 혼자서도 당신은 잘 산다고 생각할 수도 있다. 하지만 그렇게 생각한다면 그만큼 버림받은 상처가 크고 깊어서 단단한 저항이 내면에 자리 잡은 것이다. 버림받는 고통보다는 '다 필요 없어. 혼자서도 충분해'라는 분노를 느끼는 게 차라리 낫기 때문이다.

매슬로는 인간이 가진 기본적 욕구 중 가장 높은 단계는 '인정받고자 하는 욕구'라고 말했다. 인정욕구의 뿌리 생각은 '나를 사랑해

주세요'다. 이 기본 욕구와 대치되는 것이 분리감이다. 사랑은 하나 된 상태이고, 버림받음은 완전히 분리된 상태이다.

나는 타인에게 무시당하거나, 거부당하거나, 관심 없는 모습을 끔찍하게 싫어한다는 것을 알게 되었다. 이것이 버림받는 고통이고, 항상 마주치게 되는 공통 분모였다.

내가 찾은 왜곡된 자동적 사고를 '버림받을 것'이라는 뿌리 생각과 합쳐보면 이런 의미가 만들어진다. '떨면 버림받을 거야', '잘못하면 버림받을 거야', '못생기면 버림받을 거야', '멍청하면 버림받을 거야', '무능력하면 버림받을 거야', '냄새나면 버림받을 거야', '어색하면 버림받을 거야', '일을 잘하지 못하면 버림받을 거야', '가난하면 버림받을 거야', '약하면 버림받을 거야', '무시당한 건 버림받은 거야'.

버림받을 것이라는 생각이 내가 가장 두려워하는 핵심 신념이고, 결국 이 생각 하나만 공략해도 생각 바꾸기 작업이 굉장히 수월해진다. 이것이 핵심 신념을 찾아야 하는 이유이다. 그럼, 지금 바로 핵심 신념인 '버림받을 거야'에 대한 생각 바꾸기 작업을 해보자.

'못생기면 버림받을 거야.'

'못생기면 버림받을 거야'라는 생각은 점쟁이 예언이고 재앙화 사고이다. 그리고 잘생기고 못생기고를 양분화하는 흑백논리가 포함되어 있다. 그리고 이 생각 안에는 드러나 있진 않지만 '못생기면 안 된다'라는 당위 진술도 포함되어 있다. 하나씩 파헤쳐 보자.

못생겼다는 게 **100% 확실한가?** | 아니, 한 60% 어느 부분은 못
생긴 것 같아. | 못생김의 기준이 무엇인가? 연예인처럼 잘생기
지 않으면 못생겼**다는 의미인가?** | 꼭 그런 건 아닌데, 내 기준이
높은 건 맞는 것 같아. 나 정도면 괜찮은데 말이야. 흑백논리적인
사고를 하고 있었어.

[강박적 부담 공략]

절대 못 생겨 보이면 안 되는 이유는? | 못생겨 보이면 사람들이
실망할 거야. | 실망하면 **어떤 일이 벌어지나?** | 나를 별로 안 좋
아하겠지? | 안 좋아한다는 것이 버림받는다는 의미인가? | 맞아.
그런 것 같아.

[점쟁이 예언 공략]

못생기면 버림받을 것이 **100% 확실한가?** | 아니, 100%는 아니
지만 버림받을 것 같아. | **반대되는 증거는?** | 유재석도 못생겼어.
하지만 대중의 사랑을 받고 있어. 세상의 절반 이상이 평범하거
나 못생겼어. 아주 잘생긴 연예인들은 극소수야. 그들만 사랑을
받는다면 평범한 외모를 갖고 있거나 못생긴 사람들은 연애나
결혼도 못 했을 거야. 지구가 멸망하지 않았다는 게 못생겨도 버
림받지 않을 수 있다는 가장 큰 증거야.

[재앙화 공략]

만약에 버림받을 경우 **어떤 일이 벌어지나?**(이 질문이 가장 중요한 질문이다) | 외롭겠지. 세상에 혼자인 듯 느껴질 거야. 초라하고 무가치하게 느껴지겠지. 괴로울 거야. | 남들이 너를 버리면 무가치한 존재일까? | 어…. 아니, 그건… 느낌일 뿐이지 실제 나의 가치가 바뀌지는 않아. 바나나를 좋아하든 싫어하든 바나나는 바나나의 가치가 있어. 나의 가치는 누군가가 나를 버리든 버리지 않던, 좋아하든 싫어하든 그대로야. | 좋아. 그럼 버림받은 느낌이 들거나 버림받았을 때 **대응 방안은?** | 나는 존엄하고 존귀한 존재야. 있는 그대로 나를 사랑할 거야. 오직 나만이 그럴 수 있어. 나를 수용할 거야. 가족이나 부모도 나를 온전히 수용하지 못해. 이 세상 그 어떤 누구도 온전히 나를 수용할 수 없다는 걸 알아. 나는 있는 그대로 가치가 있어. 다른 사람이 원하는 사람이 되지 않아도 나는 인간으로 가치가 충분해. 모두가 나를 버리고 사랑하지 않는다고 해도 나는 충분히 살아갈 수 있어. 내가 나를 지켜줄 거야. 있는 그대로 나를 온전히 수용할 거야.

최악의 경우 당신이 버림받아도 충분히 당신을 있는 그대로 수용하며 살아갈 수 있다. 그렇게 생각한다면 당신은 어떤 일이든 할 수 있다.

뿌리 생각인 '난 버림받았다'라는 핵심 신념에서 파생된 다양한 믿음들도 있다. 당신은 주로 어떤 핵심 신념을 가졌는지 확인해 보자. 어린 시절 학대받거나 거절당하거나 부정당한 경험이 많을수록 가짜 생각인 왜곡된 핵심 신념이 강하게 자리 잡는다.

무능해서 버림받았다고 생각한다면 '난 무능해'라는 믿음이 있는 것이다. 외모나 성격적 결함 때문에 버림받았다고 생각한다면 '난 결함이 많아', '난 열등해', '난 부족한 사람이야', '난 못났어'와 같은 믿음이 있을 것이다. 버림받은 상처가 큰 사람은 '난 사랑받을 수 없어', '사람들은 날 싫어해', '사람들이 나의 본모습을 알면 나에게 실망할 거야'라는 믿음이 있다. 체면을 중시하는 한국 사회에서는 도덕적이지 못한 것에 대해 두려워하는 믿음들도 있다. '나는 나쁜 놈이야', '난 성적으로 문란해', '난 더러워'.

나는 이 모든 믿음을 가지고 있었다. 가장 깊이 있는 뿌리 생각인 왜곡된 핵심 신념을 수용하거나 바꿔주면 표면으로 떠오르는 생각들은 자동으로 사라진다. 핵심 신념을 공략하는 것은 생각 바꾸기의 치트키다. 핵심 신념을 찾아 바꾸거나, 있는 그대로의 당신을 진실로 수용하면 당신은 참된 자유로움을 얻게 된다. 아직은 있는 그대로의 당신을 진심으로 수용하고 사랑하는 것이 이해가 안 될 수 있다. 걱정하지 말라. 4단계에서 무엇인가를 바꾸지 않고 있는 그대로 당신을 수용할 방법에 관해서 이야기한다.

우선 생각 바꾸기 작업을 꾸준히 해보자. 그리고 실전에 적용해보길 바란다. 그것이 노출 훈련이고 직면 훈련이다. 생각 바꾸기 작업과 직면 훈련만 확실하게 이해하고 적용한다면 이 책은 여기서

덮어도 된다. 평생을 즐겁게 실습하며 살면 당신은 나아진다. 많은 사람이 2단계 작업을 통해 우울증과 불안증을 극복했다. 여기까지 잘 따라온 당신에게 큰 박수를 보낸다.

4장

3단계,
불안을 잠재우는
실전 방법

효과 최고! 4장은 불안에 초점을 맞춘 최고의 실전 노하우를 담고 있다. 우울증보다는 불안증 극복에 직접적인 도움이 되는 장이다. 현장에서 사용했을 때 매우 효과가 좋은 방법들만을 정리해 두었다. 제시한 방법을 하나씩 테스트해 보자. 쭉 읽어본 후 가장 쉬워 보이는 것부터 시도해도 괜찮다. 차근히 해보고 본인에게 잘 맞는 방법이 있다면 그 방법을 불안한 순간에 사용하면 된다. 단언컨대 이 노하우들이 당신의 불안증을 극복하는 값진 도구가 될 거라 믿어 의심치 않는다. 지나친 일반화 오류를 기억하는가? 한 번 하고 안 된다고 포기하지 말고 마이클 조던처럼 계속 시도해 보자.

본모습을 보여주는 용토끼 훈련

강하게 보이고 싶었다. 강한 척을 했다. 사람들이 두렵고 사람들 앞에 서는 것이 두려웠지만, 용기를 내어 사람들을 만나고 많은 사람 앞에 섰다. 하지만 나도 모르게 보여주고 싶지 않은 모습을 교묘히 회피하고 있었다. 떠는 게 연약해 보인다고 생각했다. 그리고 대화를 하는데 발작하듯 떨면 나에게 문제가 있다는 걸 눈치챌 거라고 생각했다. 그래서 사람들과 있을 때 입술 주변 근육이 떨릴 것 같거나, 목이 떨릴 것 같으면 나도 모르게 몸을 틀어서 피하거나, 딴짓하거나, 몸에 힘을 주거나, 상대가 나에게서 시선을 돌릴 수 있게 재빨리 다른 질문을 했다.

왜 나는 오랜 시간 동안 미세한 회피를 하고 있다는 사실을 몰랐을까? 나아지려면 두려움을 직면해야 한다. 눈에 보이는 벌레든, 사람이든, 상황이든 또는 우리 마음속에 있는 것이든 상관없다. 직면해야 한다. 직면의 반대말은 회피다. 나의 부족한 모습을 드러내는 완전한 노출은 끔찍했기에 무의식이 강력히 거부하고 있었다. 약으로 때우는 건 쉽고 편했다. 그래서 군이 더 큰 노력을 기울이지 않았다. 생각 바꾸기 작업을 통해 '떨면 안 된다'라는 자동적 사고를 '떨어도 된다'라고 수정했지만, 더 깊은 마음속에선 더 강하고 격렬하게 '떨면 안 된다'라고 버티며 도망치고 있었다.

그렇게 시간이 지나고 인지행동치료를 통해서도 나아지지 않으니 나는 원래 문제 있는 사람이라고 낙인찍고 자책하며 살았다. 하지만 미세한 회피를 하고 있다는 사실을 깨닫고 다시 도전해 보고 싶었다. 독한 마음으로 약을 끊었다. 이 마음의 변화는 '나는 날마다 모든 면에서 점점 나아지고 있다'라는 에밀 쿠에의 자기암시에서부터 시작됐다. '아, 미세한 회피를 하고 있었어. 도망치고 있었기 때문이야.' 정확한 원인을 알았기에 바로 직면했다. '에라 모르겠다 정신'으로 온전히 떨어보기로 작정했다. '독한 마음먹고 들어가는 거야.' 그래서 적극적으로 시도했다. '그래, 한번 떨어보자' 하고 들어갔더니 성공했다. 떨리지 않았다. 얼마나 기뻤는지 모른다. 세 번 시도하면 두 번은 성공했다. 근데 한 번의 실패가 나락으로 떨어뜨렸다. '나는 원래 안 되는 놈인가 봐. 내가 하는 일이 그렇지, 뭐.' 몇 번 잘하다가도 한 번 실패하면 이런 자괴감에 빠져들었다. 하루에서 이틀은 갔다. 짧지만 나를 미워하기에는 꽤 긴 시간이었다. 그럼에도 나는 날마다 모든 면에서 점점 더 나아지고 있었다. 나는 그걸 안다. 다시 마음먹고 시도했다.

세 번 중 한 번의 실패가 생긴 이유는 대부분이 방심한 경우였다.

아무런 준비가 안 된 상태에서 갑자기 불안한 상황이 들이닥친다거나, 어느 정도 잘 되니까 거만해져서 방심하고 준비를 안 하면 과거의 습관적인 반응이 따라온다. 부정적인 자동적 사고가 호시탐탐 기회를 노리고 있다가 무의식적으로 튀어나온다. 잘될 때와 안 될 때의 차이는 명확하다. 떨지 않으려고 하면 떨린다. 절대 떨면 안 된다고 저항하고 있으므로 강한 저항에 걸맞은 더욱 강한 떨림이 일어난다. 잘될 때는 전혀 저항하지 않는다. '떨어도 돼. 아니 떨어야 해. 한번 떨어보자. 해보자!'라는 생각에는 어떤 저항도 없다.

내가 하는 '용토끼 훈련'을 소개하겠다. 생각 바꾸기 작업 과정에서 이런 점을 깨달았다. '나는 겉으로만 굉장히 강한 척하고 있어. 속은 너무 여리고 상처투성이고 겁이 많고 벌벌 떨고 두려워하고 있는데 겉으로만 아무렇지 않게, 좋아 보이게 포장하고 있어.' 겉은 용의 모습을 하고 있지만, 가슴 속에는 겁먹은 토끼가 들어앉아 있는 기분이었다. 내가 용의 모습처럼 보이려 할 때는 겁먹은 토끼가 들키면 안 된다고 미친 듯이 날뛰고 있었다. 혹시나 자신이 토끼라는 걸 들킬까 봐 벌벌 떨고 있었다.

망할 용기를 가지고 '나 사실은 용이 아니라 토끼야'라고 가슴에서 토끼를 끄집어내어 사람들에게 약한 모습을 보여주었더니, 이상한 일이 벌어졌다. 부들부들 떨면서도 토끼가 있던 내면의 빈 공간에 용의 온기가 느껴지기 시작했다. 망할 용기를 낼수록 내면의 토끼가 서서히 용으로 변하기 시작했다. 나는 그 토끼를 '용토끼'라고 불렀다. 떠는 모습을 보여줘야지만 나아질 수 있다면, 그러기로 결정하면 된다. 떠는 모습을 보여주면 된다. 어색한 모습을 보여줘야지만 나아질 수 있다면, 어색한 모습을 보여주면 된다. 못생긴 모습을 보여주면 된다. 토끼를 온전히 꺼내 사람들에게 보여준다. 그러면 토끼에게 점차 맷집이 생기기 시작한다. 나중엔 겉은 토끼의 모습이지만 내 몸속 전체에는 용이 꽉 차 있게 된다. 이것이 진정한 외유내강 용토끼다.

용토끼 훈련은 단순하다. 토끼를 보여주기 위해 용기를 내기가 버거울 수 있지만 내가 했으면 당신도 할 수 있다. 토끼를 보여주는 방법을 자세히 설명해 보겠다. 누군가와 대화해야 하는 데 친한 관계가 아니라면? 또는 대화를 나누기 어색한 사람과 대화를 나눈다면? 근데 어색한 것을 매우 싫어한다면? 난 어색한 게 싫다. 누군가 나 때문에 불편해지는 것 같아서 싫다. '어색해질 것 같은데… 절대 어색하면 안 돼. 자연스러워야 해'와 같은 자동적 사고는 저항감을 발동시킨다. 어색하면 뜨거운 기운이 얼굴로 올라온다. 그러면서 몸에서 위험하다는 경보음이 울린다. 공황 증세다. 목이 떨리고 입술이 떨린다. 나는 어색한 것도, 두렵고 떨리는 것도 두려웠다.

이런 상황에서 내 가슴 속 토끼는 뭘까? 어색한 걸 보여주기 싫어하는 게 토끼이다. 그럼, 용은? 어색하지 않은 척 자연스러운 모습을 보이려고 긴장하고 있는 겉모습이다. 토끼를 보여주는 방법은 어색함을 상대방에게 보여주는 것이다. '좋아. 어색해도 돼.' 용의 탈을 벗고 내면의 어색한 토끼를 그대로 꺼내서 보여준다. '어쩌라고. 에라 모르겠다' 하고 용의 탈을 벗어버린다. 망하면 그만이다. 모든 걸 대수롭지 않다고 생각하라. 이것이 화끈한 직면하기이다.

잘 안될 때는 '토끼를 보여줄 거야'라는 생각이 생각만으로 끝나는 경우가 많았다. 명언이 생활에 녹아나지 않는 것처럼 좋은 말만 떠들고 있었다. 용기가 없어서 행동으로 토끼를 보여주지 못했다. 합리적 사고를 어색해도 된다고 수정해 놓고 내심 어색하지 않은 상황이 펼쳐지길 기대했다. 본심은 어색한 것이 싫다고 생각하면서 말만 어색해도 괜찮다고 했다. 어색한 것은 자연스러운 감정이다. 그리고 어색한 것은 서로의 몫이다.

나는 매일 긴장하고 있어서 상대의 말을 잘 못 알아듣는다. '이러면 안 돼. 저러면 안 돼. 앗! 날 이상하게 볼 거야. 자연스럽게 하자.' 머릿속으로 이런 생각들을 끊임없이 하고 있기 때문이다. 근데 토끼를 보여주면 라포르rapport가 형성되는 게 느껴진다. 라포르란 상대방과 친밀감이 생기는 것을 말한다. 용인 척할 때는 어떻게든 토끼를 들키지 않으려 센 척해야 하고 멋있는 척, 자연스러운 척해야 했다. 생각도 많고 할 것도 많고 초긴장 상태를 유지하기 때문에 친밀감은 고사하고 대화 내용을 파악하기도 힘들었다.

토끼를 꺼내는 좋은 팁은 강박적 부담을 주는 당위 진술들을 반대로 바꾸는 것이다. 당위 진술이 옳으냐 그르냐를 따지지 말고 극단적으로 바꿔보자. '떨면 안 돼'를 '떨어야 돼', '어색하면 안 돼'를

'어색해야 돼', '멍청해 보이면 안 돼'를 '멍청이로 보여야 돼'로. '불쌍해 보이면 안 돼'를 '불쌍해 보여야 돼', '발표에서 더듬으면 안 돼'를 '발표에서 더듬어야 돼' '말을 잘해야 해'를 '말을 못해야 해', '못생겨 보이면 안 돼'를 '못생겨 보여야 돼'로 바꿔 보자. 주의 깊게 볼 것은 '~해도 돼'라고 수정한 게 아니라 '~해야 돼'로 수정했다. 그 마음이 토끼를 보여줄 만한 용기다. 에라 모르겠다. 용기 내어 토끼를 꺼내 보자. 진짜로 토끼를 보여주길 다짐해 보자. 떨면 어떻고 어색하면 어떻고 못 생겨 보이면 어떻단 말인가? 인생은 경험이다. 새로운 경험을 한다고 생각하고 내면에 숨겨둔 토끼를 보여주자!

내가 특별히 어색하게 느끼는 학생이 있었다. 그 학생도 나를 어색하게 느꼈는지는 모르겠지만 난 그 학생이 어색했다. 복도에서 만날 때도 그냥 지나치기도 뭐해서 한마디씩 주고받으면 어색한 시간이 흘렀다. 볼 때마다 불편했다. 하루는 수업에 들어갔는데 그 학생이 갑자기 나에게 다가왔다. 아무래도 그 학생은 내가 어색하지 않은 모양이었다. 나는 급히 용토끼 준비를 완료했다. '자, 나는 토끼다. 어색해야지. 아, 어색하다.' 그리고 어색한 표정도 일부러 살짝 지어 보였다. 그 학생이 입을 열었다. 대학 입학시험을 볼 독백 연기를 바꿨는데 괜찮을지 걱정된다고 말했다. 내 안의 토끼를 보여주며 여러 조언을 해줬다. 토끼를 보여주니까 오고 가는 대화의 내용이 잘 들리고 그 학생의 호흡과 힘들어하는 마음도 잘 느낄 수 있었다. 그 학생이랑 자연스럽게 같은 리듬 안에서 말했다. 이런 경험은 처음이었다. 굉장히 편안하고 진짜 소통하고 있는 느낌. 진짜 선생으로서 학생에게 조언을 해준 느낌이었다. 잡생각도 떠오르지 않았고 오로지 대화에만 집중했다. 매우 기분 좋았다. 이게 바로 용토끼의 위력이다.

용토끼 노트를 만들어서 활용해 보자. 종이 노트에 써도 되고, 컴퓨터 메모장에 용토끼 노트를 만들어도 되고, 핸드폰 메모 앱을 활용해도 좋다. 당신이 누군가에게 용토끼를 보여주면 날짜를 쓰고 '용토끼 1'이라고 쓴다. 내용을 간략하게 요약해도 좋다. 다음번에는 '용토끼 2'라고 쓴다. 마치 어릴 때 공책에 '참 잘했어요' 도장을 받는 것처럼 볼 때마다 기분이 좋아진다. 용토끼 메모장을 통해 당신 안에 있는 작은 용토끼가 자라나는 걸 눈으로 볼 수 있다. 이것이 자극이 되어 더 빨리 더 많은 용토끼를 새기고 싶어진다. 용토끼가 100마리 정도 되면 더 이상 작성할 필요 없다. 용토끼가 엄청 자라서 내면을 가득 채웠을 테니까.

센 척은 그만하자. 약한 토끼를 완전히 드러내자. 당신에게 있는 토끼 그대로를 수용하자. 당신이 보여지고 싶었던 모습, 세상이 당신을 봐주길 바랐던 모습에 변화를 주자. 당신은 불안이 많은 사람이라고 인정하는 거다. 당신은 약한 사람이라는 걸 인정하는 거다. 그건 사실 좋은 것도 나쁜 것도 아니다. 가끔 방심하고 있다가 습관적인 회피를 했다고 실망하지 말자. 성장은 상승 파동처럼 위아래로 이뤄진다. 아래로 내려오는 것은 당연하다. 그리고 회피했다는 걸 깨달았더라도 두려워서 토끼를 보여주고 싶지 않을 때가 있다. 원래 어느 정도 두려움, 분노, 우울함이 진행된 상황에서 토끼를 보여주는 게 더 힘들다. 왜냐면 내면의 불덩이가 너무 크고 뜨거워졌기 때문이다. 뜨거운 기운이 올라오면 잠재우기가 쉽지 않다. 작은 불은 금방 꺼지지만, 산불은 진화하기가 힘들다. 그러니 안된다고 자책하지 마라. 다음번에는 급작스러워도 꼭 성공하리라고 다짐하면 된다. 잘 안됐다고 기존의 성공마저 '성공 아님'으로 매도하지 말라. 시간이 지나면 갑작스러워도 금방 알아차리고 빨리 대응할 수 있다. 뜨거워지기 전에 스스로 먼저 토끼를 보여 줄 수 있다. '난 약해요. 난 어색해요. 난 불안해요. 난 두려워요. 떨어도 돼요.' 두려운 일을 하자. 그리고 '떨자. 에라 모르겠다. 온전히 떨어보자.' 그럼, 당신 내면의 토끼는 용과 같은 토끼, 용토끼가 된다.

용토끼 훈련은 자신의 본모습을 온전히 수용하기만 하면 된다. 온전히 두려운 경험을 받아들여야 하고 온전히 피하고 싶은 경험을 수용해야 한다. 그러다 보면 점점 강해지는 용토끼를 만나게 된다. 당신의 추하고 약한 모습을 온전히 사랑해 보자. 두려운 감정 안에 깊이 들어가서 마주하자. 인정하고 도전해 보자. 그게 용토끼가 되는 길이다. 두려움이 기회가 되는 곳, 여기는 용토끼월드다!

긴장한 몸 힘 빼기

〰〰〰〰〰 욱신욱신. 며칠 전부터 오른쪽 목뒤가 뻐근했다. 컴퓨터 앞에 앉아 책을 쓰면서 목을 앞으로 뺀 상태로 장시간 앉아있었는데 그게 원인인 것 같다. 목이 점점 아프더니 결국 담이 걸려 파스를 붙였다. 평소 신체를 자각하는 것이 습관이 되어 있는데, 이번엔 알아차림을 실천하지 못했다. 오랜만에 목에 파스를 붙였다. 대학생 때는 목덜미에 담이 자주 걸려서 한의원을 내 집처럼 들락날락했었다. 하지만 '알렉산더 테크닉'을 안 후로 한의원이나 정형외과는 가지 않았고 목에 파스를 붙이는 날도 없었다.

알렉산더 테크닉은 알렉산더라는 배우가 만들었다고 해서 붙여진 이름이다. 난 알렉산더 테크닉이 알렉산더대왕과 관련된 테크닉인 줄 알았다. 아니었다. 배우인 알렉산더는 무대 위에서 열정적으로 연기할수록 목 상태가 안 좋아졌다. 나중엔 소리가 안 나오는 지경에 이르렀다. 병원에서 치료받았지만 약을 먹고 며칠만 지나면 증상이 반복돼 배우 생활을 하기 힘들었다. 알렉산더는 원인이 있을 것으로 생각했고 삼면거울을 이용해 자기 신체를 관찰하기 시작했다. 자신이 말할 때 습관적으로 턱을 들고 목을 뒤로 꺾는 동작을 하고 있었고, 두 다리에 힘이 잔뜩 들어간다는 사실을 발견했다.

힘이 들어간다는 사실을 알아차린 후 습관적으로 하던 행동을 자제해 보기로 했다. 놀랍게 목이 상하지 않았다. 그 이후로도 그는 자기 신체를 관찰하며 연구했고, 그 결과 자세와 움직임이 태초의 인간처럼 순수하고 우아해졌다. '우물쭈물하다 내 이렇게 될 줄 알았지'라는 묘비명으로 유명한 작가 조지 버나드 쇼도 동시대 인물이었다. 80세가 된 쇼는 심장병과 허리통증으로 극심한 고통을 겪으며 죽음을 맞이할 준비를 하고 있었다. 알렉산더를 만나기 위해 찾아간 그는 계단 3개를 오르기도 힘든 상태였다. 그러나 알렉산더에게 개인지도를 받은 후 점차 굽은 등이 펴지며 노년에 키가 무려 7센티미터나 커졌다. 심장병과 허리통증도 완치됐다. 이후로도 매우 건강했고 94세까지 살았다. 사망 원인도 나무를 손질하다 계단에서 떨어지는 사고 때문이었다.

많은 사람이 알렉산더를 찾아갔다. 연주자나 예술가, 운동선수들의 불필요한 긴장을 덜어내어 능력치를 끌어올렸다. 근육이나 뼈의 문제로 통증을 호소하는 사람들에게 편안함을 주었다. 또한 신체를 자각하는 활동은 과거나 미래가 아닌 현재에 집중하게 하면서 행복한 삶을 사는 데 큰 도움을 줬다.

나는 알렉산더 테크닉 정식 과정을 배우진 못했다. 연기를 지도

하기 위해 공부하던 교재에서 알렉산더 테크닉을 소개하는 글을 봤다. 긴장을 해소하는 좋은 훈련이라고 소개했는데 긴장이 많아서 배우를 포기한 나에게 정말 와닿는 내용들이었다. 바로 관련 서적들을 사서 읽어보았다. 책을 통해 실습해 보고 알렉산더 테크닉 워크숍에도 참여했다. 효과가 좋아 학교 수업에 알렉산더 테크닉 수업을 개설했다. 알렉산더 테크닉 전문가 박현주 선생님을 초빙하여 수업하는데 가끔 선생님의 허락을 받고 학생들과 함께 나도 수업을 받는다. 그러면 매우 편안해진다. 나의 대학 스승이신 제갈윤 선생님도 알렉산더 테크닉 전문가라는 사실을 얼마 전 알게 되었다. 일산의 한 카페에서 만나 긴 시간동안 자극과 반응 사이의 자제심에 관한 이야기를 나눴는데 의미 있는 시간이었다. 자제심이 전부라는 선생님의 말씀이 며칠간 머릿속에 머물렀다. 자제심이란 자극에 습관적으로 하게 되는 반응을 알아차리고 자제하려는 마음이다.

누구나 자신이 불안해하는 상황이나 두려워하는 상황이 되면 신체 어딘가에 힘이 들어간다. 나는 한두 군데가 아니었다. 온몸 전체에 힘이 들어갔다. 알렉산더 테크닉을 통해 자각하며 알게 됐다. 긴장했을 때 목덜미는 뻣뻣하게 굳어있었다. 다리는 떨지 않기 위해서 힘을 주고 있었고, 손이 떨리지 않게 손에도 힘을 꽉 주고 있었다. 목소리가 떨리지 않도록 불필요하게 소리를 더 눌러서 사용했다. 그리고 그 와중에 배가 나와 보이지 않게 힘을 주고 있었고, 잘 생겨 보이려고 입술에도 잔뜩 힘을 주고 있었다. 정말 온몸에 힘이 들어간 매우 불편한 상황이었다. 총체적 난국이었다.

우리는 긴장된 상황에서 왜 힘이 들어가는지 알고 있다. 살기 위해서다. 눈앞에 늑대가 나타나면 심장이 빨리 뛰기 시작한다. 아드레날린이 분비되고 혈액순환이 빨라지고 산소가 더 많이 공급된다. 몸이 떨리면서 땀이 나기 시작한다. 시야가 오로지 늑대에게만 향할 수 있게 좁아진다. 투쟁 도피반응이다. 죽기 싫으면 도망치던가 싸워야 한다.

우리는 사랑받지 못하고 인정받지 못하는 것을 생명의 위협으로 받아들인다. 재앙화 사고 오류다. 머리로는 이해했어도 당신의 무의식은 여전히 두려워하는 상황에서 투쟁 도피반응을 일으킨다. 반복적인 생각 바꾸기 작업을 통해 무의식에 새로운 합리적 사고가 자리 잡는다면 긴장 완화에 큰 도움이 된다. 이와 동시에 긴장된 상황을 직면할 때 함께 사용하면 즉시 효과가 나타나는 방법이 바로 힘빼기이다.

신체와 정신은 서로 연결이 되어 있다. 긴장되면 힘이 들어가지만 반대로 힘을 빼면 긴장이 풀어진다. 뇌는 긴장이 되니까 싸우거나 도망치라는 신호를 보내는데, 신체가 이에 응하지 않고 힘을 빼버리면 뇌는 혼란을 겪는다. 다시 강력한 신호를 내려보내는데도 불구하고 신체에 힘을 빼고 있으면 뇌는 '아, 싸우거나 도망가야 할 상황이 아니구나. 내가 착각했나 보다'라며 더 이상 과도한 신체 증상을 만들어 내지 않는다.

힘을 빼는 가장 좋은 방법은 당신이 힘을 주고 있다는 사실을 자각하기만 하면 된다. 무엇인가 더하려고 애쓸 필요가 없다. 예를 들어보자. 발표 전 옆 사람이 긴장했는지 어깨가 과도하게 올라와 있다. 그 사람에게 어깨가 올라와 있다고 말하면 "아, 그래요?"라고 말하며 자신도 모르게 어깨를 내린다. 알아차림만으로도 충분하다.

긴장되는 순간이 있다면 당신의 몸을 관찰하고 힘이 들어간 부분을 찾아보자. 알아차리면 힘이 빠진다. 힘을 빼면 저항감이 사라진다. 내가 미세한 회피를 깨닫고 제일 처음에 한 행동이 배에 힘 빼기였다. 자주 가는 카페에 가서 배를 내밀고 널브러져 앉아있었다. 사장님은 내 배를 보며 젊은 사람의 배가 왜 그렇게 나왔냐고 했다. 숨기고 싶은 모습을 드러내서 그 상황이 매우 불편했지만 짜릿하면서도 묘한 느낌을 받았다. 분명 불편했지만 이상야릇하게 기분이 좋았다. 자유로웠고 편안했다. 정신과 신체는 연결되어 있기에 힘 빠진 신체는 편안한 정신 상태를 만들어 냈다.

야구 선수가 타석에 들어선다. 홈런을 날리고 싶은 선수는 공보다 조금 늦게 방망이를 휘둘러서 헛스윙했다. 몸에 힘이 들어가서 타이밍이 늦었기 때문이다. 예술가, 스포츠 선수, 각종 직업에서 최고의 경지에 오른 사람들은 항상 같은 말을 한다. 힘을 빼라고. 당신도 오늘부터 힘을 빼보자. 주의할 것은 힘을 뺀다고 축 처져있는 것이 아니다. 타자가 타석에 서서 야구 방망이를 휘두를 힘은 있어야 할 것 아닌가. 힘을 줄 때는 주고 뺄 때는 빼야 한다. 정수리에 줄을 매달아 가볍게 끌어올린다고 상상해 보자. 척추가 기분 좋게 늘어난 가벼운 상태다. 그 정도의 설 수 있는 정도의 힘만 남겨둔 채 매 순간 힘을 빼보자. 그게 다다. 더 정확하게는 힘이 들어간 신체를 알아차려 보자. 그럼, 무장해제가 된다. 목, 어깨, 가슴, 배, 허리, 팔, 다리, 어디든 당신이 많이 긴장하는 곳을 찾아보자. 지금 당장.

호흡 의식하기

~~~~~~~~~~ "숨 쉬어." 연기를 지도할 때 자주 하는 말이다. 숨을 쉬고 있는데 숨을 쉬라는 말은 무슨 뜻일까? 얕은 숨을 쉬고 있거나 거의 멈추다시피 숨을 참고 있는 상태를 뜻한다. 대부분의 사람이 긴장되는 상황에서 숨을 제대로 쉬지 못한다. 불편하거나 어려운 사람을 만날 때도 숨을 참고 있다. 이때 당신을 관찰하면 숨을 머금고 있다는 것을 알아차릴 것이다.

두려울 때 '숨죽인다'라는 표현을 쓴다. 투쟁 도피반응 중 하나다. 숨을 머금는 것에는 두 가지 이유가 있다. 한 가지는 숨고 싶은 마음이다. 숨바꼭질할 때 기억하는가? 술래가 가까이 다가오면 숨어 있는 장롱 속에서 옷과 하나 된 것처럼 숨을 죽이고 있다. 어떤 곤충은 건드리면 숨을 죽이고 죽은 척한다. 도망가는 것과는 다른 양상이지만 회피 반응이다. 또 한 가지는 무산소 운동을 할 때처럼 전력으로 질주하거나, 싸우기 위해서, 강력한 힘을 폭발시키기 위해 숨을 참으며 에너지를 응축하는 상태다.

발표를 하거나 사람을 만날 때는 매우 안전한 상황이다. 그런데도 한번 두려움을 느낀 상황은 좀처럼 달라지지 않는다. 그 상황을 온전히 수용하는 경험을 반복하기 전까지는 언제나 두려운 상황으로 남아있다. 두려우면 모든 의식이 외부로 초점을 맞추고 있기에 스스로 자신의 상태가 어떤지 의식하지 못한다. 외부라는 것은 두려운 대상을 의미한다. 학생들에게 설명할 때는 외부의 대상을 '늑대'라고 표현한다. 발표할 때는 주로 나를 지켜보는 사람(늑대)들에게 의식이 쏠린다. 그래서 자신이 숨을 쉬지 않고 있다는 사실을 모른다.

1학년 학생들과 수업에서 만나면 첫 시간에 하는 훈련이 숨 확인하기다. 긴장되는 상황에서 숨을 쉬지 않고 있다는 것을 깨닫게 해주기 위한 수업이다. 먼저 자기소개 글을 작성한다. 그리고 쓴 글을 학생들 앞에서 일어나 읽게 한다. 이때 자신이 쓴 글을 잘 읽는 것은 수업의 목적이 아니다. 글을 읽고 있는 자신의 호흡 상태를 관찰하는 것이 목표다. 의식을 아랫배 부분인 단전에 집중한다. 글을 읽고 있는 학생들은 스스로 자각한다고 생각한다. 나는 읽고 있는 학생에게 수시로 "단전" 또는 "자각"이라고 말한다. 중간에 '단전'이라고 말하는 이유는 어느 정도 읽다 보면 남 앞에 서 있다는 부담감이 느껴지고, 온 신경이 자신도 모르는 사이에 자신을 보고 있는 늑대들에게로 옮겨지기 때문이다. 그리고 글을 잘 읽는 것이 목적이 아니라고 말했음에도 학생들은 잘 읽으려고만 하고 있다. 대부분이 잘하려고 애를 쓴다. 그러니 더 부담스러워진다. 글을 읽다가 더 듬거리기라도 하면 바로 모든 집중을 완전히 늑대에게로 빼앗긴다. 그러다 내가 "단전"이라고 말하는 순간 학생은 신경이 자신의 호흡에서 벗어났다는 것을 깨닫는다. 그렇게 자신을 보게 된다. 자신의 호흡을 보게 된다.

수업을 받은 학생들은 자신도 모르게 자신의 초점이 호흡에서 친구들에게로 이동했다는 사실을 체험하고 신기해한다. 호흡에만 집중하고 있다고 생각했는데, 모든 의식이 외부로 쏠려있다는 것을 처음으로 깨달았기 때문이다. 또 하나 신기해하는 건 호흡으로 초점을 이동한 순간 호흡이 깊이 들어가는 경험을 한다. 이 과정에서 학생들은 긴장감이 줄어들었다고 말한다.

자신의 호흡을 의식하지 않으면 짧은 호흡, 잡는 호흡이 습관이 된다. 좀 더 편해질 수 있는 상황임에도 습관적인 짧은 호흡으로 인해 자신이 처한 현실보다 더 두려운 상황으로 느낀다. 앞서 신체는 정서와 연결되어 있다고 배웠다. 뇌는 어떤 면에서는 똑똑하지 않다고 이야기했다. 당신의 뇌는 당신이 처한 상황이 어떻든 호흡을 잡는 행동을 재앙화의 현실로 인식한다. 그렇다면 우리가 할 일은 간단하다. 반대로 해보자. 당신이 깊이 숨을 쉬면 당신의 뇌는 당신이 편안한 상태라고 착각한다.

배우들의 연기에서 호흡은 큰 부분을 차지한다. 호흡은 연기의 전부라고 해도 과언이 아니다. 감정을 시시때때로 바꿔서 연기할 수 있는 것도 호흡이 감정을 느낄 수 있게 해주기 때문이다. 특히 들숨이 중요하다. '아이씨, 기분 나빠'라고 생각하며 짧게 들숨을 마시면 기분이 나빠진다. '아, 행복해'라고 생각하고 천천히 깊게 들이마시면 세포 하나하나까지 행복해진다. '아, 우울해'라며 짧은 숨을 들이마시면 금세 우울해진다. 호흡 위에 대사를 실어 말하면 연기는 완성된다. 그리고 이걸 당신의 호흡에 적용하면 언제든 원하는 감정 상태를 얻어낼 수 있다.

호흡은 우리가 매일 하는 것이기 때문에 당신도 쉽게 할 수 있다. 호흡 안에 살아있다는 느낌을 느껴보길 바란다. 긴장되는 순간 '아, 기분 좋아'라고 생각하면서 심호흡을 해보는 것이다. '아, 기분 좋아'라는 연기를 못해도 괜찮다. 심호흡이 이미 편안함의 의미를 내포하고 있기 때문이다. 이질감이 느껴지겠지만 당신 안의 모든 감각이 기분 좋은 느낌으로 변한다. 그 느낌 안에서 긴장되는 일을 해보라. 호흡이 감정 변화의 열쇠다. 그러니 긴장되거나 두려울 때 호흡을 의식하라. 숨을 참고 있는 당신을 보게 될 것이고 알아차림만으로 충분하다. 지금 바로 해보자. 숨을 깊이 들이마시며 '아, 기분 좋아'라고 생각하라. 어떤가? 기분이 달라짐을 느꼈을 것이다.

피겨 요정 김연아 선수의 지난 경기 영상을 보면 경기 전에 빙상을 돌면서 크게 심호흡을 한다. 운동선수들은 심호흡의 힘을 알고 있다. 별것 아닌 것 같은 심호흡 한방이 우리의 뇌를 더욱 편안하게 만들어 준다. 한 가지 더! 심호흡을 처음에만 하지 말고 계속해 보자. 알아차릴 때마다 깊이 있게 숨을 쉬려고 노력해 보자. 내가 학생들에게 발표 도중 말하는 것처럼 자신을 습관적으로 의식하라. 호흡, 단전, 숨, 어디에 초점을 맞추든 상관없다. 당신의 내부에 집중한다. 처음부터 잘되길 바라진 마라. 당신은 날마다 모든 면에서 점점 더 나아지고 있다. 시도했다는 것에 우선 만족하길 바란다. 심호흡이 당신을 두려움에 압도당하지 않게 만들어 준다. 숨을 쉬고 늑대를 내쫓자.

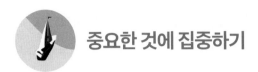

중요한 것에 집중하기

〰〰〰〰〰 대학교에 다닐 때 고연옥 작가의 〈웃어라, 무덤아!〉라는 공연을 했다. 어느 날, 독거노인 강옥자 할머니가 살해되고 친하게 지내던 이웃들이 모두 살인 용의자로 지목된다. 나는 그 용의자 중 한 명인 전과자 출신의 택시 기사 한기물 역을 맡았다. 탤런트이자 연극 배우로 유명하신 박용수 교수님이 연출을 잡았다.

나는 당시 사회 불안증이라는 것을 몰랐다. 갑자기 내 인생에 찾아온 일이라고만 생각했다. 연극 무대에 올라가면 다른 사람들에게 박수와 인정을 받으니까 무대에 올랐지만, 매일매일 무대 위에서 벌벌 떨어야 했다. 항상 공포감이 엄습했다. 나에게 문제가 있는 것을 사람들에게 들키고 싶지 않았다. 무대 위에서 편한 사람들이 정말 부러웠다.

문득 이런 생각이 들었다. '술을 먹어보는 건 어떨까? 술을 먹으면 무대 위에서 굉장히 편할 거야. 그럼, 연기는 더 자연스러워지겠지?' 그 유혹은 강력했다. 전날 소주를 한 병 샀다. 나는 소주를 좋아하지 않는다. 소주가 너무 쓰기 때문에 맥주를 좋아했다. 하지만 독한 술이 정신을 몽롱하게 해주고 감각을 둔하게 해줄 테니 소주를 샀다. 소주병을 들고 다닐 순 없으니, 소주를 물병에 옮겨 담고 가방에 넣었다. 학교로 가는 지하철 화장실에서 눈을 딱 감고 소주 반병을 벌컥 들이마셨다. 쓴 것은 느껴지지도 않았다. 몸이 뜨거워지며 약간의 취기가 올라왔다. 미리 마신 이유는 공연 때 갑자기 술 냄새가 나면 동료들이 이상하게 여길 거라는 걱정 때문이었다. 술 냄새가 나더라도 차라리 전날에 많이 먹은 것처럼 행세하면 될 일이었다. 냄새가 심하진 않았었는지 누구도 내게 술을 먹었냐고 묻질 않았다. 하지만 술 냄새가 나지 않게 눈치를 보며 조심스럽고 불편하게 숨을 쉬었다. 마치 죄를 지은 사람처럼.

나머지 반병은 공연 1시간 전에 먹었다. 역시나 화장실로 들어갔다. 가방에서 조심스레 물병을 꺼내 안에 든 술을 마셨다. 빈속이었기 때문에 취기가 많이 올라왔다. 판단력이 흐려지지 않게 정신은 계속 붙잡고 있었다. 마음은 매우 편안해졌다. 불안이 사라지니 기분이 좋았다. 무엇이든 할 수 있을 것 같았다. 자신감이 솟아났다.

공연이 시작되었고 나는 그 어느 때보다도 자유롭고 편안하게 연기를 했다. 가수가 공연 전에 마약을 하는 것이 이런 이유일까? 기분은 매우 좋았고 연기도 술술 잘 풀렸다. 정말 기분 째졌다. 공연이 끝나고 박용수 교수님이 나를 부르셨다. 연기를 왜 멋대로 하냐고 호통을 치셨다. 내가 작품을 망쳤다고 나무라셨다. 박용수 교수님이 그렇게 화난 모습은 처음 봤기에 당황했다. 나는 분명 잘했다고 생각했는데 아닌 모양이었다. 같이 했던 파트너도 울듯이 말했다. 제발 약속한 대로 연기해달라고.

나는 연기를 잘했다고 생각했는데 교수님은 내 연기가 별로라고 평가하셨다. 나는 떨지 않고 불안감 없이 매우 편안하게 연기를 잘 마쳤다. 나는 모든 초점이 떨지 않는 것에 가 있던 것이다. 관객 입장에서 가장 중요한 건 작품의 내용 전달이고 배우들의 잘 짜인 연기다. 그리고 연극이라는 것이 혼자 하는 것이 아니어서 제멋대로 한다는 것은 연극을 망치는 행위다. 그럼에도 나는 떨지 않았다는 것에 내 연기를 좋게 평가하며 즐거워하고 있었다. 이상하지 않은가? 결국 연기를 잘한 것도 아닌데…. 다수가 최악의 연기라고 말하는 상황에서 나의 느낌이 편안했단 이유만으로 스스로 성공적인 연기였다고 평가했다. 술을 먹지 않았던 평상시에는 불안했지만 필요한 순간에 적절히 반응하고 호흡하면서 잘했다는 평가를 받았음에도, 스스로는 불안감을 보였기 때문에 망했다고 평가했다. 전형적인 정신적 여과 오류다. 나는 사람들에게 완벽하게 보이는 것, 남들 앞에서 떨지 않는 것이 상당히 중요하게 작용하는 필터를 갖고 있으므로 다른 사람의 발표를 볼 때도 내용은 듣지 않고 저 사람이 떨고 있나 떨지 않고 있는지를 보게 됐다.

문득 작은 깨달음이 찾아왔다. 생각 바꾸기 작업을 계속하다 보니 머리로만 이해되던 내용이 가슴으로 스며들기 시작했다. '뭣이 중헌디?' 떨고 안 떨고가 정말 그렇게 중요한가? 연기를 할 때는 인물의 목적과 대사, 감정 등이 잘 전달되면 된다. 발표에서 중요한 건 내용 전달이다. 하지만 나는 어떻게 보일지만을 중요하게 생각했다. 너무 완벽한 것을 기대하고 있어서 스트레스가 심했다. 발표의 말투, 자세, 시선 처리, 말의 의미, 당당한 태도 등 너무 많은 부분에서 완벽하길 원했기에 완벽하지 못한 자신이 더욱 불안해졌다. 모든 것이 정신적 여과로 불안에만 초집중되어 있었다.

항상 의식해야 한다. '뭣이 중헌디?' 당신은 앞으로 해야 할 것에만 집중하면 된다. 공부할 때는 문제를 풀고 이해하는 것이 중요하다. 만약 공부하는데 질 좋은 노트와 예쁘고 잘 써지는 펜을 구하기 위해 매일 문구점을 돌아다니고 있다면 해야 할 일에 집중한 것이라고 할 수 있을까? 발표할 때는 내용이 중요하다. '잘해야 해', '틀리면 안 돼', '목소리가 좋아야 해', '떨면 안 돼', '까먹으면 어쩌지?', '좋은 인상을 보여줘야 해'와 같은 생각들이 올라오겠지만 몸에 힘을 빼고 이완시키고 심호흡한다. 뭐든 하나씩 하나씩 하는 것이다. 잘하든 못하든 내용 외의 것은 무시하자. 나중에 생각하자. 우선은 해야 할 것에만 집중하자. 중간중간 당신이 호흡을 잘하고 있나 체크하면서 전달해야 할 내용을 전달하자. 당신에게는 당신의 발표하는 모습이 사람들에게 어떻게 보일지가 가장 중요할지 몰라도, 발표를 보는 사람들은 온전한 정보가 전달되기를 원한다는 사실을 명심하자. 사람들은 당신이 생각하는 것보다 당신에게 관심이 없다. 당신이 당신을 생각하는 것처럼 각자의 세상에서 자신을 더 많이 신경 쓴다.

'뭣이 중헌디?' 두려워하는 일을 하기 전에 이것을 꼭 생각해 보자. 대화에서는 듣고 느끼고 말하는 소통이 중요하다. 발표에선 전달해야 할 내용이다. 그 포인트를 잊지 말자. 노래를 부를 땐 잘 부르든 못 부르든 발성, 음정, 박자에만 집중한다. 당신의 마음이 불안하더라도 당신이 할 일에 집중하자. 당신이 정한 완벽한 기준에 못 미치는 결과가 나와도 당신이 중요한 것에 집중하려고 했다는 것을 대견하게 생각해 보자. 당신이 해야 할 일에 집중하면 결국 당신이 원하는 것을 얻게 된다. 힘을 빼고 해야 할 일에 집중하자. 해야 할 일이 진짜 중요한 일이다. 그리고 당신이 해야 할 일에 집중이 됐다면 자신을 축하해 주고 기뻐해 주고 잘했다고 칭찬하자. 만약에 이런 상황에서 자신을 칭찬하지 않는다면 완벽주의 성향 때문에 장점 무시하기를 하고 있는 것이다. 중요한 것을 해냈다면, 또는 시도했다면 그것만으로 충분히 잘한 거다. 토닥여 주자. '잘했어.'

자세가 감정을 바꾼다

～～～～～～ 어릴 적 TV 보는 것을 좋아했다. 우리 집은 가난했고, 알코올중독이었던 아버지가 술만 드시면 집안 분위기는 험악해졌다. 불편하고 무서웠다. 부모님은 싸우고 현실은 어두웠지만 TV 속에선 즐거운 만화도 나오고 멋진 영웅의 이야기, 희망찬 즐거움이 가득했다. 특히 자기 능력을 숨기고 안경 쓴 평범한 직장인의 모습을 한 슈퍼맨은 동경의 대상이었다. 나도 슈퍼맨이 되고 싶었다. 보자기를 목에 잡아매고 슈~웅 하면서 온 동네를 뛰어다녔다. 옥상에 올라가서 뛰어내리기도 했다. 할머니는 다친다고 하지 말라고 하셨지만, 그게 왜 그리 재밌었는지 매일 그렇게 놀았다. 슈퍼맨처럼 가슴을 쫙 펴고 양다리를 벌리고 양 허리에 손을 올리면 정말 슈퍼맨이 된 기분이었다.

슈퍼맨이 된 느낌은 기분 탓이 아니었음이 하버드대 연구를 통해 증명됐다. 슈퍼맨, 원더우먼 자세를 파워포징power posing이라고 한다.

하버드대학교 심리학 교수 에이미 커디의 연구 결과가 심리학 학술지에 실렸다. 몸동작과 감정의 연결성을 밝혀내기 위한 연구였다. 실험 결과, 자세에 따라 신체에 분비되는 호르몬이 달라진다는 놀라운 사실을 밝혀냈다.

실험은 두 그룹으로 진행됐다. A그룹은 2분간 슈퍼맨 자세를 취했다. 그 결과 남성 호르몬인 테스토스테론testosterone이 20% 증가했다. 그리고 스트레스가 발생할 때 나오는 코르티솔cortisol은 25%나 감소했다. 반대로 우울한 사람들이 많이 취하는 등이 굽고 움츠린 자세를 2분간 한 결과, 스트레스 호르몬인 코르티솔이 15%나 증가했고, 테스토스테론은 10%가 감소했다. 코르티솔 수치가 높아지면 초조하고 불안해진다. 이 상태가 심해질수록 우울해진다. 면역력이 떨어지면서 각종 병에 취약해진다.

과학적인 접근 방식으로 연기훈련을 체계화한 러시아의 연출가 스타니슬랍스키는 처음에는 정서적 기억이라는 방법을 사용했다. 배우가 과거 자기 삶에서 경험했던 감정을 상상으로 끌어오는 연기법이었다. 하지만 과거의 기억을 통해 감정을 불러온다는 것이 말처럼 쉽지 않다는 것을 알게 되었다. 배우의 그날그날 기분이나 컨디션에 따라 마음 상태가 달라지기 때문에 극작가가 원하는 감정을 일관성 있게 연기하기가 어려웠다. 그리고 더 큰 문제는 과거의 괴로운 기억을 끌어안고 연기하다 보니 공연이 끝난 후에도 인물의 감정에서 벗어나지 못해 정신병에 걸린 배우들도 있었다. 영화 〈배

트맨〉에서 조커 역을 맡았던 히스 레저가 조커란 역할에서 벗어나지 못해 약물중독으로 자살했다는 소문처럼 말이다. 할리우드 배우들은 영화가 끝난 후 심리치료를 받는 경우가 많다.

스타니슬랍스키는 정서적 기억 대신 신체를 활용하면 더 쉽게 감정을 끌어낼 수 있다는 것을 알게 됐다. 인물이 처한 상황과 비슷한 호흡이나 신체를 사용하면 비슷한 감정이 일관성 있게 올라온다는 사실을 경험했다. 예를 들어 자신감 넘치는 인물의 감정을 표현해야 한다면 파워포징처럼 자신감 넘치는 자세와 호흡을 만들고, 슬픈 감정을 연기해야 할 때는 자신이 슬플 때 사용한 호흡이나 신체 상태를 최대한 비슷하게 만든다. 그러면 해당 감정이 올라온다. 이를 통해 배우가 자신을 제어하기 더 쉬워졌다.

발랄하고 기쁨에 차 있는 인물을 연기해야 하는 역할을 맡은 배우가 있다고 가정하자. 공연 전 배우의 친아버지가 돌아가셨다는 연락을 받았다. 이런 상황에 단순히 과거의 행복했던 정서적 기억만을 가져와 기쁘게 연기하기는 힘들다. 하지만 자기 몸과 호흡은 자신이 원하는 대로 만들 수 있다. 우울해도 뛸 수 있다. 뛰다 보면 그에 어울리는 기분이 나온다. 이것은 배우뿐만이 아니라 누구나 가능하다. 당장 한번 테스트해 보자. 실험에 참여한 사람들은 슈퍼맨 자세가 당당한 자신감과 기분 좋은 느낌을 준다고 말했다. 당신도 아주 쉽게 확인할 수 있다. 지금 바로 일어나보자. 다리를 어깨너비로 벌리고 양손을 허리에 올린다. 숨을 가슴에 꽉 채워서 가슴을 부풀려 보자. 그리고 입가에 미소를 살짝 지어보자. 2분까지도 필요 없다. 자세를 취하자마자 즉시 기분이 달라지는 것을 느낄 것이다.

왜곡된 가짜 생각을 수정하여 합리적인 사고를 사용하려 할 때 당당한 신체 자세를 사용하면 즉시 도움을 받을 수 있다. 나는 왜곡된 사고를 아주 오래전부터 사용하고 있었다. 매번 비슷한 상황에서는 부정적인 생각에 의한 부정적 신체 반응이 습관적으로 나타났다. 자판기 버튼을 누르면 음료수가 나오는 것처럼 상황과 반응은 세트처럼 따라다녔다. 이런 상황에서 합리적인 사고를 적용하는 게 만만치 않았다. 이럴 때 습관적인 신체 반응만이라도 먼저 바꿔준다면 새로운 감정 상태를 손쉽게 만들어 낼 수 있다.

떨릴 것 같은 느낌이 강력히 올라오는 순간이 있다. 최면에 걸린 것처럼 그 상태에서는 항상 숨을 잡는다. 습관적으로 등이 굽고 몸에 힘을 준다. 그리고 정지된 듯 경직된다. '큰일 났다'라는 머릿속 목소리와 함께 뜨거운 느낌이 올라오면서 공황 상태가 된다. 습관적인 반응이다.

이것을 알아챈 순간 현재 상태의 굳은 신체를 바꾼다. 호흡을 들이마시고 무게 중심을 좌우로 움직이며 상체를 흔들어 준다. 척추가 좌우로 부드럽게 꺾인다. 살짝만 흔들어도 되고 강하게 흔들어도 된다. 몸이 흔들린다는 것은 부드럽다는 뜻이다. 스트레스 상황에 습관적으로 나타나는 굳은 반응을 의식적으로 풀어주는 특별한 스트레칭이라고 보면 된다. 실전에서는 미세하게 상체를 좌우로 움직이며 본인만 느낄 정도로 자연스럽게 해도 된다. 나는 이것을 '드리드리'라고 한다. 처음부터 이름이 있었던 건 아니고, 내가 지도한 학생이 이름을 붙여줬다. MBC에서 방영한 예능 〈아빠! 어디가?〉에 출연했던 이준혁 씨의 아들 준수다. '10준수'란 귀여운 별명으로 더 유명한 학생이다. 자세와 호흡을 바꾸면 감정이 바뀐다. 자동적인 생각이나 감정이 즉각적으로 변한다는 것을 기억하자.

막상 슈퍼맨 자세를 하면 사람들이 이상하게 볼 것 같다는 생각이 든다. 불편한 느낌이 든다. 자신을 꾸미는 것 같고 과시하고 있다는 느낌이 든다. 너무 부담스럽다면 가슴에 숨만 채워라. 그것으로 충분하다. 가슴을 부풀리고 지금 바로 거울을 보라. 전혀 어색하지 않다. 매우 정상적으로 보인다. 아마 깜짝 놀랄지도 모른다. 평상시와 다른 당당함에 멋짐이 느껴진다. 나는 그랬다.

가슴을 부풀릴 때 주의할 점은 가슴을 부풀리기 위해 호흡을 많이 들이마셔야 하는데, 너무 과하게 많이 마시거나, 자기 신체 상태를 자각하지 않으면 가슴이나 목, 배, 팔 등이 불필요하게 경직되는 경우가 발생한다. 경직되어 있다면 몸이 좌우로 흔들리지 않는다. '드리드리'로 척추를 살살 흔들어 주면 편안해진다.

우울한 사람 중 많은 사람이 등이 굽어있다. 위축되고 무기력하게 늘어져 있다. 이완된 신체와 늘어진 신체는 엄연히 다르다. 이완은 호흡이 깊다. 잠잘 때는 자연스럽게 호흡이 깊이 들어가면서 복식호흡을 한다. 무기력하게 늘어진 상태는 호흡이 짧다. 우울하거나 불안한 상황이 반복되면 일상생활에서도 습관적으로 무기력하게 늘어진다. 그럼, 평상시에도 신체에 어울리는 왜곡된 감정이 만들어진다. 우울해서 만들어진 신체가 우울하지 않은 상황에서도 당신을 우울하게 만든다. 불안해서 만들어진 신체가 이제는 당신을 불안하게 만든다. 그러니 당신이 자세를 바꿈으로 인해 왜곡된 습관적인 반응을 끊어내야 한다. 슈퍼맨과 같은 신체 변화가 새롭게 만들어진 합리적 사고에 든든한 지원군이 된다.

우울하면 아무것도 하기 싫다. 해도 나아질 것 같지 않은데 굳이 무엇인가를 왜 시도하나? 우울한 감정은 시도조차 못 하게 만든다. 얼마나 안타까운가. 신체를 변화시켜 시도할 수 있는 정신 상태로 만들어보자. 우울증이 있는 사람에게 모든 의사나 상담사가 운동을 권하는 이유는 신체 변화를 통해 긍정적인 감정의 변화를 주기 위함이다. 그리고 뭐라도 할 수 있는 최소한의 힘이라도 얻기 위함이다. 당신도 삶의 배우가 될 수 있다. 당신은 슈퍼맨 역을 할 수 있다. 세상을 다 가진 듯 가슴을 부풀리고 숨을 들이마셔 보자. 당신 인생의 주인공은 당신이니까. 안경을 벗어던지고 슈퍼맨이 되자!

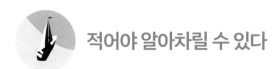

적어야 알아차릴 수 있다

십여 년 전만 해도 문신은 범죄자들이나 하는 것으로 생각했다. 그 시절 대중목욕탕에 가면 소위 말하는 건달 형님들에게서 주로 볼 수 있었다. 특히 전신 문신은 위협감과 혐오감을 주었고, 사람들은 두려움을 느끼며 문신이 있는 사람과 거리를 뒀다. 과거와 달리 요즘엔 많은 사람들이 문신을 한다. 문신을 새기는 가장 큰 이유는 무엇일까? 아마도 자신이 가치 있게 생각하는 것을 잊지 않기 위해 몸에 문신을 새기는 것이 첫 번째일 것이고, 누군가는 외적인 멋을 위해 문신을 새길 것이다. 그리고 상처나 흉터 부위를 가리기 위해 문신을 새기는 경우도 있다. 문화나 단체, 연대감, 자기 과시를 위해 새길 수도 있다.

살면서 처음으로 문신을 작게 새겨보고 싶다는 생각이 들었다. 언제든 나의 상태를 알아차리고 싶었다. 평상시 늑대에게 정신이 팔려 알아차림이 잘 안되더라도 내 몸에 새겨진 문신을 보는 순간 알아차림을 할 수 있게 되니 얼마나 좋은가. 그리고 내 삶에 대한 다짐과 각오가 담겨있다면 뜻깊을 것 같았다.

불안이나 우울, 분노의 감정이 거세지면 알아차림을 하기 더욱 쉽지 않다. 얕은 감정 상태에서는 차분히 나를 바라볼 수 있지만 감정이 거세지면 감정과 내가 하나로 붙어버린다. 상황에 매몰된다. 이런 강력한 순간에 내가 잘 보이는 곳, 손등 같은 곳에 지금의 감정 상태를 관찰하라는 지시가 있다면 큰 감정에서 잠시 벗어나 내 상태를 관찰할 수 있을 것 같았다. 그래서 영구적인 문신이라는 아이디어를 생각했다.

다만, 배우를 함에 있어서 배역의 제약이 발생하리라는 것과, 선생님 그리고 앞으로 상담사가 되고 싶은 내가 문신을 했다는 것이 다른 사람들에게 잘 받아들여질지 하는 걱정 때문에 하지 않았다. 사람들의 시선이 여전히 신경 쓰인 걸까? 더구나 알아차림을 하려면 잘 보이는 곳에 문신을 해야 하기 때문에 더 꺼려졌다.

그래서 좀 웃기지만 문신 대신 엄지와 검지 사이 손등에 네임펜으로 알파벳 A를 적었다. Awareness. 알아차림, 주의집중의 이니셜 A이다. 컴퓨터를 할 때, 음식을 먹을 때, 손을 씻을 때, 어느 때고 손은 자주 보게 된다. 자주 보는 곳에 적어두면 볼 때마다 알아차림을 할 수 있다.

약을 끊은 초기, 여러 사람 앞에서 프리젠테이션을 할 때에는 극도의 불안감이 있었다. 생각 바꾸기 작업과 직면 훈련을 통해 많이 좋아졌다고 해도 마법처럼 한 번에 모든 게 싹 좋아지지 않았다. 오 랜 시간 누적되어 자리 잡은 자동적 사고는 평생을 수정한다는 생 각으로 자각하고 대비하고 있어야 한다. 방심하는 순간 기존의 자 동적 사고가 어김없이 튀어나온다. 기껏 열심히 만든 합리적인 사 고가 전혀 생각이 나지 않았다. 매번 늑대에게 모든 집중을 빼앗겼 다. 그러다 잘 보이는 곳에 알아차림을 할 수 있는 합리적 사고를 적어봤는데, 결과는 성공적이었다.

발표할 때는 발표 자료에 합리적 사고를 적었다. 발표는 긴장이 강력하므로 알아차림이 쉽지 않았다. 그래서 발표 자료에 빨간색 글씨로 예상되는 자동적 사고에 대한 합리적 사고를 적었다. 자주 하는 자동적 사고는 '떨면 안 돼'였다. 여기에 대한 합리적 반응은 '떨기'이다. 떨어야지만 나아질 수 있으니 도전한다고 생각하고 용 기 내어 떨겠다고 다짐했다. 떨리는 것에 저항하는 대신, 이 상황을 기회 삼아 마음껏 떨기로 했다. 용토끼가 되는 것이다. 붉은 글씨로 발표 자료 여백에 '떨자'라고 적었다. 그리고 분명 긴장된 상황에서 는 숨을 쉬지 않고 있을 것이기에 '숨 쉬어'라고 적었다. 짧게 쓰는 것이 좋다. 너무 길게 쓰면 더욱 산만해지기 때문에 읽히지 않는다. 짧고 강렬하게 '떨자'라고 적어두면 눈에 띄는 순간 내가 떨지 않으 려고 애쓰면서 저항하는 게 느껴졌다.

'숨 쉬자', '떨자'를 여러 개 적었다. 긴장된 상황에서는 시야가 좁 아지기 때문에 한 군데만 적어두면 못 보는 일이 발생한다. 재밌게 도 그 좁은 종이에 적은 빨간색 글씨가 보이지 않는다. 시야가 좁아도 너무 좁아진 것이다. 그래서 여기저기에 3~4개를 떨어뜨려 적었다. 그럼 보기 싫어도 인지가 됐다. '숨 쉬자'라는 글씨를 보는 순간 짧은 호흡을 하고 있음이 바로 느껴졌다. 그럼 숨을 깊이 들이마시려고 하지 않아도 알아서 깊은숨이 들어갔다. 알아차림이면 충분하다. 모든 불안감이 드라마틱하게 사라지진 않지만, 통제할 수 있는 범위 안으로 들어온다. '떨자'라는 글씨가 눈에 들어오는 순간, 마이크를 힘주어 꽉 잡고 있는 나의 손이 느껴졌다. 그 순간 정말 손에 힘을 빼고 싶진 않지만 무장해제하고 용기 내어 손에 힘을 뺐다. 왜냐면 토끼를 보여줘야만 용이 들어갈 수 있는 자리가 생긴다는 것을 알기 때문이다. 막상 힘을 빼보면 그렇게 떨리지도 않는다.

보조자료도 과거에는 딱딱한 종이를 사용했다. A4용지를 들고 있으면 종이가 파르르 떨렸다. 그 모습을 사람들에게 보여주기 싫었다. 과감하게 얇은 종이를 사용해서 발표했다. 그러다 보니 마이크를 잡은 오른손처럼 왼손에도 무의식적으로 힘이 잔뜩 들어가 있었다. 힘 빼기가 두려웠다. 마이크보다 더 어려웠다. 더 많이 눈에 띄기 때문이다. 하지만 용토끼를 만들기 위해서는 두려운 나, 나약한 나, 버림받은 나와 직면해야 한다. 그래야 진짜 용이 나타난다. 시도해야만 내 가슴 속 용토끼는 매일매일 조금씩 점점 성장한다. 망해도 된다. 망할 용기를 내었다.

적는 행위는 행위 자체로도 의미가 있다. 손에 A라고 적은 것은 모든 수용하겠다는 다짐의 의미다. 노트에 '떨자', '숨 쉬자'라고 적는 것도 모든 것을 수용하겠다는 의미다. 생각 바꾸기 작업에서 나의 부정적인 가짜 사고를 합리적 사고로 수정하기 위해 적는 작업도 내면을 들여다보는 영적 성장을 위한 수행의 작업이다.

알아차리고 싶은 생각, 도전하고 싶은 생각, 합리적 사고를 잘 보이는 곳에 적자. 무시당하는 것에 저항이 있다면 무시당할 각오를 하고 적어보자. '무시당하자!'라고. 초라해지는 것에 저항하고 있다면 '초라해져'라고 적어보자. 인간은 자연의 힘 앞에 한없이 약한 존재다. 우리의 지식은 우주의 한 점에도 미치지 못한다. 잘난척할 필요도 없다. 자존심 세울 필요도 없다. 당신이 약하다고 인정하고 수용할수록 당신은 더 강해진다. 소크라테스의 말처럼 '너 자신을 알라'. 우주의 관점에서 보면 내가 아는 것이 별로 없다는 것을 받아들이자.

내가 종이에 적은 것을 다른 사람이 볼까 걱정이 됐다. 문제 많은 나의 비밀이 세상에 드러나는 것 같아서였다. 당신도 그것이 걱정되고 신경 쓰인다면 일단은 발표 전에 적고 발표가 끝나고 잘게 찢어서 파쇄해라. 컴퓨터나 노트에 써놓은 생각 바꾸기도 걱정이 되면 꼭꼭 숨겨놓거나, 지워버리면 그만이다. 지금까지 적은 것이 아까울 수도 있지만, 괜찮다. 당신이 이미 적은 것은 당신의 내면에 작은 용토끼가 되어 남아있다. 언제든 적고 지울 수 있다. 그러니 마음껏 적고 지워라. 아직 당신 마음을 열 만한 준비가 안 되어 있는 것뿐이다. 괜찮다. 적는 행위에서 이미 감정을 들여다보기 때문에 수용의 의미가 있다. 적는 행위가 당신의 내면을 정화한다. 적자! 그래야 생존한다. 적자생존!

5장

4단계,
마음 챙기기

바꿀 필요 없는 마음챙김 명상

명상을 처음 접한 것은 중학교 2학년 때 단전호흡 동아리에 들어가면서였다. 명상에 관심이 있지는 않았다. 다만, 당시 엄청난 인기를 누렸던 만화 〈드래곤볼〉을 좋아해서 단전호흡이 기를 끌어올릴 수 있는 무언가가 있을 것 같아 지원했다. 지금에 와서 기억에 남아있는 건 배꼽 아래 3센티미터 지점이 단전이라는 선생님의 말씀과 단전으로 호흡해야 한다는 것, 그러기 위해서 아랫배를 내밀려고 엄청나게 노력했던 일, 배를 내밀기는 하는데 숨을 들이마실 때 내미는 건지 내뱉을 때 내미는 건지 계속 헷갈렸던 일, 그리고 계속 지루하게 앉아있었던 기억이 전부였다.

성공 관련 자기계발서를 읽어보면 빌 게이츠를 비롯한 많은 성공인들이 명상을 하고 있었다. 그걸 보고 가끔 시도는 했으나 별 효과도 없는 것 같고 시간이 아깝다는 생각이 들어서 하지 않았다. 그 이후로 내 인생에 명상은 없었다. 명상을 다시 만나게 된 건 말도 안 되는 계기였다. 2년 전, 학기 초에 2학년 수업을 어떻게 할지 회의했다. 일주일에 2시간만 있는 수업이어서 명상 수업을 하면 좋겠다는 결론에 이르렀다. 나는 중학교 때 이후로 명상을 해본 적이 없었지만 가르치기 매우 쉬울 거라 생각했다. 눈을 감고 호흡에 집중하게 하고, 좋은 말들로 학생들에게 심신의 안정을 주면 그만이라고 생각했다.

첫 수업 시간. 조용한 음악을 틀어놓고 말했다. "자, 다 같이 명상을 해보자. 자세 바로잡고 앉자. 요즘 스트레스 많이 받지? 단전에 집중하고 깊은 호흡을 하면 몸과 마음이 편안해질 거야. 자, 눈을 감고 심호흡을 하자. 들이마시고 내쉬고…" 모두 자세를 바로잡고 심호흡을 했다. 여기까지는 그럴듯했다. 그러나 이후 내가 뱉은 말이 가관이었다. "인간은… 모두… 죽는다…" 아이들이 조금 이상하다는 느낌을 받은 것 같았다.

동료 교사 중 동국대를 나온 김재중 선생님이 있다. 동국대가 불교 학교여서 학부 시절 명상 수업을 들었고, 나에게 시범을 보여줬던 게 "인간은 모두 죽는다"였다. 이걸 그대로 따라 했는데, 경험이 없던 나는 방법도 모르고 모든 게 어설펐다. 수업을 대충 한다는 생각이 들면서 학생들에게 미안하고 죄책감이 들었다. 그리고 아무것도 모르면서 학생들에게 떠들고 있다는 생각이 들어서 얼굴이 붉어지며 수치심이 들었다.

그 후로 곧장 책도 몇 권 사고, 유튜브를 보며 명상 공부를 했다. 그중에서도 마음챙김 명상의 창시자인 존 카밧진에게 직접 배운 최영희 교수님의 설명이 나에게 쉽고 가슴 깊이 와 닿았다. 왜곡된 가짜 생각을 바꾸는 생각 바꾸기 작업은 나에게 문제가 있다는 가정하에 문제 생각을 바꾸는 것이었다면, 마음챙김 명상은 그 반대인 '문제없음'이다. 바꾸는 게 아니라 있는 그대로 두는 것이다. 마음챙김은 내가 언제, 어디에 집중할 것인가를 의도적으로 선택할 수 있는 상태다. 현재의 감각이든, 과거의 기억이든, 미래의 상상이든 주체적으로 선택할 수 있다. 마음챙김 명상은 자동으로 나타나는 무수히 많은 생각들을 알아차리고, 그 생각들에 대한 가치판단을 하지 않고, 그대로 내려놓고, 원하는 것을 잡아 지금, 이 순간에 머무는 일이다.

비록 가르치기 위해서 시작한 명상 공부였지만 그날부터 나는 나와 가족을 위한 명상의 시간을 갖기 시작했다. 아침 7시 30분이 되면 온 가족이 거실에 둘러앉아 5분씩 마음챙김 명상을 했다. 아이들에겐 5분도 길었다. 명상을 하기 싫어했다. 명상을 한 건지 잠을 잔 건지 알 수는 없지만, 가끔 확인차 눈을 떠보면 둘째가 실눈을 뜨고 날 보고 있다가 급히 눈을 감았다. 그 모습이 너무 귀여워 속으로 웃음이 터지곤 했다. 명상의 효과를 알게 된 이상 아이들에게 도움이 될 거라고 확신했기에 1년을 함께 했다. 아내는 이제 혼자서 40분에서 1시간을 하루도 거르지 않고 명상을 한다. 명상의 대가가 되었다. 몸이 접히는 느낌까지 느낀다. 나는 일상 명상을 주로 한다. 그리고 앉아서 할 때는 짧은 명상을 자주 한다. 시간이 여유로울 때는 장시간 하는 명상도 한다. 20분 이상을 하다 보면 짜릿하면서 따듯한 느낌이 올라오는 경우가 있는데 이 순간을 가장 좋아한다.

명상에는 크게 형식적인 명상과 비형식적인 명상이 있다. 형식적인 명상은 정해진 시간에 정해진 장소에서 특정한 형태로 하는 명상을 말한다. 우리가 잘 아는 가부좌를 튼 명상이나 요가 같은 것이다. 비형식적 명상은 일상생활이 명상이 되는 것을 말한다. 일상 명상이라고도 한다. 내가 담임으로 교실에 들어가기 전에 하는 행동이 있다. 크게 심호흡을 한 번 한다. 그럼, 그 순간 나는 현재에 존재한다. 그게 바로 명상이다. 비형식적 명상. 쉽지 않은가? 숨을 쉬는 순간 좀 전까지 해왔던 생각들이 모두 끊어지고 이 순간에 집중하게 된다. 감정을 바꾸기 힘들 것 같지만 일상 명상은 습관적인 감정에서 벗어날 수 있게 해준다. 집에서 어떤 일이 있었건, 선생님들과 어떤 문제가 있었건, 심호흡 한 번이면 과거가 된 개인감정은 모두 날아갔다. 특히나 올해는 한 번도 개인감정을 가지고 교실로 들어간 적이 없다. 학생들이 저희 때문에 스트레스받지 않느냐는 질문에 자신 있게 말한 적도 있다. "내가 그렇게 보인 적 있어? 난 단 한 번도 너희 때문에 스트레스받는다고 생각하지 않았어." 진심이었다. 스트레스를 다루는 힘도 강해진다. 별것 아닌 심호흡 한방의 힘, 일상 명상의 힘이다.

명상은 좋은 점이 많다. 우선 의식이 깨어난다. 생각하는 나를 바라보는 진짜 나, 참나라는 의식이 깨어난다. 그래서 집중력 향상에 매우 좋다.《몰입》을 쓴 황농문 교수님은 한 가지 생각에 끊임없이 집중하다 보면 무한한 잠재 능력의 힘을 발견할 수 있다고 했다. 행복감은 보너스다. 마음챙김 명상을 하면 습관화된 감정이나 행동이 줄어든다. 남과 자신을 비교하지 않고 중요한 것에 집중할 수 있게 된다. 괴로웠던 과거의 생각이나 다가올 미래에 대한 두려움에서 벗어나 현재에 집중할 수 있어서 삶이 단순해진다. 지금, 이 순간의 소중함을 알고 자신을 더 아낀다. 시시때때로 변화하는 인생의 희로애락을 있는 그대로 수용하게 된다. 그리고 회복할 수 있는 힘인 회복탄력성이 커진다.

우리가 마음챙김 명상을 공부해야 하는 또 다른 이유는 마음챙김 명상은 인지행동치료와 같은 효과가 있을 뿐만 아니라, 인지행동치료로는 치료하기 어려운 부분들까지도 치료할 수 있다. 예를 들면, 한 아버지가 아내와 딸을 태우고 가족여행을 떠났다. 아버지는 전날 직장동료들과 늦게까지 술을 마신 터라 매우 피곤했다. 운전 중 아버지가 깜빡 졸아서 큰 사고가 났다. 아내와 딸이 모두 죽고 자신만 살아남았다. 병원에 있는 동안 가족을 죽였다는 죄책감에 괴로워했다. 퇴원한 후에도 걸을 때나 일을 할 때나 밥을 먹을 때나 온통 머릿속에서 자신 때문에 가족이 죽었다는 생각이 따라다녀 죄책감에 괴로워했다. 하루도 맘 편히 잠을 잘 수가 없었다.

이런 경우 자신 때문에 가족이 죽었다는 생각이 왜곡된 생각은 아니기에 생각 바꾸기 작업으로는 접근하기 애매한 부분이 있다. 반면 마음챙김 명상은 좀 더 수월한 접근이 가능하다. 마음챙김 명상은 지금, 이 순간에 머무는 것이다. 후회로 가득한 과거에 생각이 머물면 괴롭다. 혼자 살아남아 불행하게 살아갈 미래를 생각하는 것도 두렵다. 대신에 지금 이 순간, 책장을 넘기는 손끝, 걷고 있는 발의 감촉에 집중하거나, 숨을 쉬는 코끝에 집중하거나, 운전대 위의 손에 집중하거나, 음식이 혀에 닿는 감각에 집중하면서 지금 현재에 머무는 것이다. 그러면 걱정은 사라지고 평온함과 고요함이 찾아온다. 인지행동치료를 통해 얻고자 하는 게 바로 평온하고 고요한 마음 아닌가. 이러한 이유로 미국에서는 마음챙김 명상이 의료보험이 가능한 인지행동치료의 한 영역으로 자리 잡았다. 동양의 신비로움이 과학적으로 인정을 받았다. 세계적인 심리학자 대니얼 골먼과 리처드 데이비슨은 최고단계의 명상 수련을 통해 뇌의 기본 특징이 변한다는 사실이 입증됐다고 밝혔다. 지금, 이 순간에 머무는 것이 처음부터 쉽지는 않겠지만 반복적으로 하다 보면 뇌의 신경들이 시냅스라는 접합부를 통해 연결되며 뇌가 서서히 변화한다. 마음챙김 명상을 많이 하면 할수록 뇌가 마음챙김에 유리한 뇌로 변한다. 명상이 쉬워진다는 뜻이다. 최근 밝혀진 신경 가소성의 원리이다.

마음챙김 명상은 방법도 매우 간단하다. 4단계로 나뉜다. 1단계 알아차림, 2단계 판단하지 않기, 3단계 내려놓기, 4단계 원하는 것에 집중하기이다. 이게 전부다. 눈을 감고 원하는 한 가지를 선택해 집중한다. 우선, 코끝으로 한다고 가정하자. 코끝에 느껴지는 호흡의 느낌에 집중해 보자. 15초도 지나지 않아서 집중의 초점이 코끝에서 감정이나 수많은 생각, 감각으로 옮겨 갈 것이다. 괜찮다. 당연하다. 1단계는 알아차리기다. '아, 코끝에 있던 의식의 초점이 옮겨져서 어떤 생각을 잡았구나.' 2단계는 자신이 잡은 생각에 대해서 판단하지 않는다. '어제 걔는 왜 나한테 그런 말을 했지?'라는 생각을 잡았다면, 그 사람이 왜 그런 말을 했는지 더 이상 판단하지 않는다. 잠시 자제하고 멈춘다. 쉽다. 그냥 그런가 보다 하는 것이 판단하지 않기이다. 그리고 코끝에 집중하기로 했는데 집중하지 못하고 자꾸 딴생각을 하는 집중력 약한 자신에 대해서도 '난 왜 이렇게 집중력이 약한 거야'라는 식의 잘잘못을 따지지 않는다. 그런 후에 3단계인 내려놓기를 한다. 잡은 것을 내려놓는 것이다. 생각을 잡았으면 생각을 내려놓고 감정을 잡았으면 감정을 내려놓는다. 냄새나 소리, 통증 같은 감각을 잡았으면 감각을 내려놓는다. 우린 무의식의 특징에서 생각은 없애려고 한다고 없어지지 않고 오히려 더 강력히 떠오른다는 걸 배웠다. 그저 내려놓자. 그리고 마지막 4단계, 다시 원하는 것인 코끝에 집중한다. 이것의 반복이다. 바로 한번 해보자.

마음챙김 명상 방법은 이게 전부다. 특별히 정해진 시간에 할 필요도 없고 매일 매일 감각에 집중하며 현재에 머물면 된다. 나처럼 5분만 앉아서 할 수도 있고 시간 없을 때는 호흡 한 번으로 끝낼 수도 있다. 샤워할 때 피부에 닿는 물의 촉감을 느껴보기, 운전대 위 손의 움직임을 느껴보기, 느껴지는 감정에 집중해 보기, 그리고 감정에 집중하며 온전히 인정해 주고 수용해 주기 등이다. 명상에 들어가기 전엔 심호흡 한 번으로 과거와 미래를 끊어낸다. 걱정이 없으니 우울증이나 불안증도 사라지고 고요하고 평온하고 초연한 행복함만이 남는다.

가짜 생각을 알아차리고 수정했던 작업은 마음챙김 명상으로 나아갈 때 알아차림에 매우 큰 도움이 된다. 마음챙김 명상을 먼저 해도 되지만, 생각 바꾸기 작업을 먼저 10주 이상 꾸준히 할 것을 강력히 추천한다. 자동적 사고는 워낙 빨리 지나가기 때문에 생각 바꾸기 작업을 해본 적이 없는 사람은 자신이 무엇 때문에 기분이 우울하고 분노가 생기고 불안한지 모른다. 원인을 모르기 때문에 부정적 감정을 느끼면 안 될 것 같아 참고 억누르게 된다. 하지만 감정을 억압하면 상처받은 내면 아이만 커진다. 억압은 더 큰 고통을 남긴다. 또 다른 이유는 마음챙김 명상을 하더라도 알아차림이 잘 안 되는 평상시에 부정적인 가짜 생각이 습관적으로 올라오기 때문에 마음챙김 명상을 해도 효과가 없다고 생각하고 지레 포기하는 경우가 발생한다.

생각 바꾸기 작업을 꾸준히 했다면 부정적인 감정에 대한 정확한 이유를 알 수 있다. '지금 내가 기분이 나쁘고 우울한 건 무능력하다고 생각하기 때문이야.' 거기에 더해 미처 알아차림을 하지 못하는 평상시에도 사실에 가까운 합리적인 사고가 올라오기에 삶이 좀 더 고요하고 평온한 상태로 유지된다. 그래서 마음챙김 명상을 먼저 하는 것보다 생각 바꾸기 작업을 먼저 하거나 마음챙김 명상과 같이 하길 추천한다.

마음챙김 명상은 있는 그대로 당연하게 받아들이는 작업이다. 모든 생각, 감정, 감각에 수정을 가하지 않는다. 기꺼이 당신의 모든 부분을 수용하는 작업이다. 앞으로 당신이 싫어하는 모든 것이 당신의 상처를 치유하기 위한 도구로 사용될 것이다. 당신이 싫어하는 당신의 일부, 당신이 없애고 싶은 부분까지도 온전히 수용하게 된다. 이런 말이 절망스러울 수도 있다. '두렵고 슬프고 불안한 게 끔찍이 싫은데 그것을 받아들이라니.' 아쉽지만 달리 방법이 없다. 당신은 직면해야 하고 스스로의 힘으로 산을 넘어야 한다. 다른 누가 해줄 수 없다. 오직 당신만이 할 수 있다. 부정적인 생각이나 감정도 우리가 갖고 있는 자연스럽고 공통적인 인간의 특성이라고 말하면 조금이나마 위로가 될까? 만약 인간에게서 모든 부정적인 감정을 없앨 수 있다면 우린 로봇이 될 것이다. 부정적인 감정을 모두 없앨 수는 없다. 완전히 없앤다는 것은 왜곡된 완벽주의적 사고이다. 내려놓고, 지금부터 놀라운 수용의 힘을 느껴보자!

문제해결의 시작은 알아차림

내 머릿속에서 항상 누군가 떠들고 있다. '아, 배 아파. 너무 급한데… 나올 것 같아. 화장실을 먼저 갈까? 옷을 먼저 갈아입을까? 참을 수 있을 것 같은데…. 갑자기 급해지네. 화장실로 가자. 화장실 불을 누가 켜놓은 거야. 수건 보관 거울은 왜 또 매일 열려있어. 우선 닫자. 아유 됐다. 오늘은 똥 싸는 시원함에만 집중해 보자. 좋다. 아, 시원해. 아, 어제 무용 선생님과 실기실 청소 문제로 살짝 신경이 날카로워 있었는데 내가 말을 잘한 건가? 어떻게 말했지? (머릿속에서 어제 대화가 필름처럼 돌아가기 시작하고 어제 있던 등장인물 그대로 등장.) 음, 잘했군. 괜찮게 한 것 같아. 만족스러워. 잘했어. 자, 물 내리고. (무심코 본 인스타그램에 유세윤이 노래하는 모습이 잠깐 나왔다. 5분 정도가 지난 상황, 출근길.) 아침 공기 참 좋다. 유세윤은 즐겁게 사는 것 같아. 원래 끼가 많았나? 즐기는 거 부럽다. 조나단과 유병재도 잘 노네. 자신을 잘 드러내니까. 솔직하고. 내면 청소가 잘 되어 있을 것 같아. 부럽다. 놀면서 돈 벌고. (쓰레기차 지나감.) 와, 쓰레기 냄새. 와, 대단한 위력이다. 냄새가 너무 심한데? 지나가는 아주머니도 코를 막네. 히히. 독하다. 와… 냄새가 가시질 않네. (운전하며) 쟤는 왜 잠옷 바지를 입고 나왔지? 가방을 메고 있네? 어디 가니? 크크큭, 설마 저렇게 입고 학교를? 오호, 신호등 빨리 바뀌는데. 운이 좋아. 목덜미가 왜 이리 아프지? 어제보단 좀 낫다. 도로 바닥의 저건 뭐지? 동물의 사체. 아 뭘까? 아, 싫어 싫어. 윽, 고양이다. 내장이 다 터져 있네. 아, 싫어. 피하기는 늦었다…. 밟지만 말자. 가운데로 잘 지나가주길…. 아, 잘 지나갔다. 끔찍해. 앗, 주황 신호 빨리 가자. 빨간 신호가 되기 전에. 됐다. 아내가 옆에 있으면 잔소리했겠지? 경유 1,587원. 너무 비싼데. 갑자기 많이 올랐네. 아, 쓸쓸해. 나 지금 뭔가 쓸쓸하다고 느끼고 있구나. 외롭다고 느끼고 있어. 이 느낌을 빨리 없애버리고 싶어서 다른 생각으로 돌리려고 하는구나. 비둘기들은 왜 차를 안 무서워하지? 비둘기야, 저리 비켜라. 밟히겠다.'

여기까지가 아침 출근길 아주 짧은 시간 동안 관찰한 머릿속 목소리다. 생각을 나와 분리해 객관적으로 인식하기 위해 머릿속 목소리라고 표현했다. 생각은 과거의 경험에 의한 해석일뿐 그 자체가 본연의 나는 아니다. 머릿속 목소리는 눈으로 보이는 모든 것을 중계하듯이 다시 설명한다. 끊임없이 욕구를 드러내고 어떤 것이 좋다, 나쁘다 판단하고 비교하고 평가한다.

마음챙김 명상의 첫 번째 단계는 알아차림이다. 바로 쉴 새 없이 떠드는 이 머릿속 목소릴 알아차리는 것이다. '아, 내가 지금 이런 생각을 하고 있구나.' 내 생각들로 인해 만들어진 감정도 알아차린다. '아, 나 지금 슬프다고 느끼고 있구나.' 그리고 그로 인해 내가 하는 행동도 알아차린다. '아, 나 지금 움츠리고 처져 있구나.' 그 외 오감에 대한 것도 알아차린다. '아, 새소리가 들리는구나', '아, 허리가 아프구나', '아, 김치찌개 냄새가 나는구나'. 이렇게 당신이 당신에게서 객관적으로 떨어져서 지금, 이 순간 당신을 관찰하는 행위가 알아차림이다.

알아차림이 왜 중요할까?《될 일은 된다》의 저자 마이클 싱어는 어느 날 자기 머릿속에서 떠들고 있는 목소리의 존재에 대해서 평소와 다른 느낌을 받았다. 이 목소리는 아내의 오빠인 론과 대화할 때 다음에 무슨 말을 해야 할지를 바쁘게 생각하고 있었다. 이러한 목소리는 항상 있었으나 한 번도 주의를 기울인 적이 없었다. 문득 이상하게 느껴진 것이었다. 그리고 그 목소리를 몇 분간 계속 관찰했다. 계속 다음 할 말에 대해서 급히 궁리하고 있었다. 끊임없이 목소리가 떠들고 있다는 것을 알아차렸다.

싱어는 자신의 생각을 계속 관찰했다. 이유는 모르겠지만 머릿속 목소리가 진짜 자신이라는 생각이 들지 않았다. 그러면서 또 다른 의문이 생겼다. 머릿속 목소리 뒤에서 이를 인식하고 있는 것은 누구지? 도대체 떠들고 있는 목소리를 관찰하는 나는 누구지? 나중에 그는 그것이 의식이라는 것을 알게 되었다. 즉, 선불교에서 말하고 있는 상위 자아인 참나, 참 자아, 진정한 자신이라는 것을 알게 된다. 선불교에서는 머릿속에서 떠드는 생각을 거짓 자신이라는 에고라고 말한다. 싱어는 이후에도 끊임없이 지껄이는 거짓 자신인 에고를 매일 관찰했다. 관찰이 바로 알아차림이다.

거짓 자신인 에고는 안전을 핑계로 두렵거나 귀찮거나 싫은 일은 무조건 피하려 애쓴다. 새로운 도전을 하지 않으려 한다. 오판도 많다. 그리고 굉장히 감정적이다. 거짓 자신인 에고가 눈에 보이는 사람이라면 굉장히 신뢰하기가 힘든 대상일 것이다. 마이클 싱어는 알아차림을 하면서 자신의 호불호를 떠나 세상이 자신에게 주는 모든 것에 저항하지 않는 실험을 하기로 했다. 자신에게 다가온 모든 상황을 기꺼이 수용하는 삶을 살기로 자신과 약속을 했다. 어디로 갈지 몰랐다. 삶에 온전히 자기 몸을 내맡기고 삶이 이끄는 대로 갔다. 이후 그는 대학교수가 되었고, 건축가가 되었고, 전용 비행기를 가진 사업가가 되었고, 명상가가 되었다. 애쓰지 않고, 그저 알아차리고, 다가온 것을 저항하지 않고 받아들이기만 했을 뿐인데 현재 그는 여러 분야에서 성공적인 삶을 살고 있다. 그 시작이 바로 알아차림이었다.

현대 최고의 영적 스승이라 불리는 에크하르트 톨레는《지금 이 순간을 살아라》에서 알아차림의 강렬했던 첫 순간을 이야기한다. 그는 극심한 우울증에 시달리는 사람이었다. 삶이 지긋지긋했다. 스물아홉 살 생일 밤, 지구에서 흔적도 없이 사라지고 싶었다. 문득 고통스럽다고 말하는 자신은 누구이며, 고통스럽다고 말하는 자신을 바라보는 또 다른 자신은 누구인지, 둘 중 진짜 자신은 누구인지 의문이 들었다. 알아차림의 그 순간 엄청난 깨달음이 찾아왔다. 두려움과 고통에 저항하지 않고 모든 것을 있는 그대로 온전히 받아들였다. 고통의 끝에서 참나가 극심한 고통을 마주하자, 가짜 고통이 사라졌다. 두려움과 직면했다. 내면이 달라지니 세상도 달라졌다. 매일 있었으나 태어나 처음 보는 햇살, 처음 듣는 새소리에 잠에서 깨어났다. 이러한 아이 같은 행복감은 5개월간 계속되었고 2년간 공원 벤치에 앉아 이 기쁨과 즐거움을 온전히 누렸다. 이후 점차 잦아들더니 현재는 고요한 평화 속에 살고 있다. 그리고 사람들이 그에게 이러한 내적 평화를 이루는 비법을 물어보면 '이미 당신 안에 있다'라고 말한다. 그 시작이 바로 알아차림이었다.

알아차리는 법은 간단하다. 나를 관찰하기만 하면 된다. 관찰자인 참나로서 거짓 나인 머릿속 목소리가 분리되어 있음을 관찰한다. 두려워하는 거짓 나를 알아차린다. 고통스러워하는 거짓 나를 알아차린다. 슬퍼하는 거짓 나를 알아차린다. 무기력한 거짓 나를 알아차린다. 이것이 마음챙김 명상 1단계이자, 인지행동치료의 1단계이다.

수용의 힘은 판단하지 않기

명상을 하기 위해 자리에 앉아 심호흡을 했다. 단전에 집중하기로 마음먹었다. 시원한 공기가 기도를 따라 들어가는 게 느껴졌다. 호흡이 깊이 들어가면서 배가 나왔다. 배가 옷에 닿는 게 느껴졌다. 기분이 좋았다. 세 차례 호흡이 들어왔다 나갔다. 그때 코끝의 감각이 느껴지면서 의식의 초점이 단전에서 코끝으로 바뀌었다. 이때 알아차렸다. '아, 코끝에 의식이 있었네. 다시 단전으로 가자.' 알아차리면 어떠한 판단도 하지 않고 다시 단전에 집중했다. 그리고 두 차례 호흡 뒤에 배가 고프다는 생각과 함께 김치찌개가 먹고 싶다는 생각에 초점이 옮겨져 있었다. 이 생각을 알아차리자 나도 모르게 슬슬 짜증이 올라왔다. '잠깐, 나 지금 딴생각하고 있었네. 아, 뭐야. 이러면 안 되는데. 왜 이렇게 안 돼. 언제까지 이럴래?' 자신을 질책했다. 제대로 못 한다고 판단한 것이다.

명상의 두 번째 단계는 알아차렸으면 더 이상 판단하지 않기이다. 지금 잠시 책을 내려놓고 1분만 눈을 감고 코끝에만 집중해 보자. 산만함이 느껴질 것이다. 자책할 필요 없다. 인간은 하루 평균 5만 가지 생각을 한다. 의식이 다른 곳으로 이동하면 다시 데려오면 그만이다. 가치판단을 많이 할수록 머릿속 목소리는 신이 나서 더욱 시끄러워진다. 그러면 집중하기가 힘들어지고 참나인 의식은 에고 뒤에 숨어버린다.

끊임없이 떠드는 목소리에 대해서 마이클 싱어나 에크하르트 톨레는 스스로 이런 질문을 했다. '이것이 정말 나일까? 이 목소리를 알아차리는 나는 또 누굴까?' 두 사람은 머릿속 목소리가 진짜 자신이 아니라고 결론 내렸다. 머릿속 목소리는 당신이 아니다. 당신 생각이 당신이 아니라는 말이 황당한가? 명상 지도자들은 당신 생각이 당신이 아니라고 가르친다. 여기서 당신 생각은 당신이 아니라는 것을 다 설명할 순 없지만, 최소한 그렇게 생각해 본다면 좀 더 쉽게 당신의 생각을 다룰 수 있게 된다.

'나는 짜장면을 좋아해. 나는 서울대 출신이야. 난 무가치해. 난 무엇 무엇이 싫어. 나는 무엇을 좋아해.' 이렇게 말하기 때문에 당신의 생각이 진짜 당신이라고 착각한다. 어린 시절 부모님에게 받은 프로그램과 여러 과거의 경험으로 판단하는 것일 뿐이다. 과거의 경험이 진짜 나는 아니다. 진짜 나는 참나이고 의식이다. 내 생각을 바라보고 있는 의식이 진정한 나이다. 참나는 나의 가치를 판단하지 않는다. 나는 나로서 존귀하다. 상대방보다 못생겼다고 내가 가치가 없어지는 게 아니다. 쟤보다 못생겼다고 가치 없다고 떠드는 것은 머릿속 목소리인 거짓 나이다.

왜 내 머릿속 생각을 거짓 나라고 하는지, 거짓 나와 참나를 구분할 수 있는 쉬운 예를 들어보겠다. 먹음직스러운 바나나가 있다. 세 명의 사람이 대단한 관심을 보이며 바나나 앞에서 대화를 나눴다.

"난 바나나가 정말 좋아. 열대과일을 좋아하는데 그중에서도 달고 부드러운 바나나가 최고야."

"나도 그래. 다른 과일들은 딱딱한데 바나나는 부드럽잖아. 너무 좋아, 바나나."

바나나는 기분이 좋고 행복했다.

'나는 사람들에게 정말 인기가 많아. 당연하지. 바나나 중에서도 가장 고급 종인 필리핀 프리미엄 바나나야.'

그때 두 명의 사람이 바나나를 본체만체 지나갔다. 바나나는 자신을 보고도 무시하는 사람 때문에 당황했다. 그리고 네 명의 사람이 지나가며 말했다.

"뭐야. 바나나잖아. 웩, 나는 바나나가 싫어. 맛도 없고 목 막히고, 물컹물컹해. 비호감이야."

"나도 바나나 싫어. 바나나 오래 두면 똥 냄새가 나는 거 알아? 생각만 해도 더러워."

바나나는 갑자기 슬퍼졌다.

'아… 사람들이 나를 싫어하는구나. 난 가치가 없어….'

사람들이 바나나를 좋아하면 바나나는 가치가 있고 사람들이 싫어하면 가치가 없을까? 단박에 그렇지 않다는 걸 알 것이다. 바나나는 그냥 바나나지만 거짓 나는 기분 좋으면 프리미엄 바나나라고 하고, 기분 나쁘면 무가치한 바나나라고 이름 붙인다. 난 무가치해. 저 사람이 날 싫어하잖아. 이건 이래서 싫고, 저건 저래서 좋아. 비교와 조건을 단다. 바나나는 바나나로서 가치가 있다. 모든 바나나는 존재 자체로 바나나다. 이처럼 당신이란 사람, 나란 사람도 그 존재 자체로 가치가 있다. 바나나와 다른 점은 당신이 다이아몬드 같은 당신의 가치를 알아차린다면 높은 자존감과 자신감, 무한한 가능성을 가진 존재가 된다는 것이다.

여러 종교에서 말하듯 당신의 깊은 곳에 의식이 자리 잡고 있다. 뻔한 소리로 들릴지 모르겠지만 우린 사랑이다. 모든 사람은 존재 자체로 사랑이다. 그것이 의식이고 '참나'이다. 좋다, 나쁘다고 평가하고 판단하는 것은 '거짓 나'인 에고이다. 머릿속 목소리는 살면서 경험으로 만들어진 과거의 것들이다. 진짜 나는 의식이다. 의식의 특징은 집중을 잘한다. 의식은 강력한 것에 초점을 빼앗긴다. 주로 머릿속 목소리다. 그러다 보니 나라는 의식이 머릿속 생각인 것처럼 착각한다. 남들의 판단에 의해 일을 못한다는 소리를 들으면 무능력한 내가 되고, 못생겼단 소릴 들으면 상처받고 무가치한 내가 된다. 진짜 나란 사람이 그렇게 단시간에 사람의 평가에 따라 매일 바뀐다고 생각하는가? 사람들이 싫다고 평가했다고 바나나의 본질이 매번 바뀌는가? 우린 그 어떤 판단도 하지 않고 지켜보는 고요하고 강력한 진짜 나라는 의식을 갖고 있다.

의식을 강화하는 방법은 내 머릿속 목소리를 그저 관찰하는 것이다. 판단 없이 바라본다. 그럼 서서히 머릿속 생각과 진짜 나란 의식이 분리되는 느낌을 받는다. 당신의 머릿속 목소리가 진짜 자신이라고 생각해도 괜찮다. 서양의 인지행동치료는 내 생각을 가짜 나로 구분 짓지 않는다. 그래도 충분히 고칠 수 있다는 뜻이다. 다만, 그것이 진짜 내가 아니라는 것을 당신이 안다면, 그래서 생각을 따로 분리해서 관리할 수 있다면 상처의 치유를 넘어 더 큰 자유로움을 얻을 수 있다.

내 머릿속 목소리는 다른 머릿속 목소리와 대화를 하기도 한다. '아, 저 인간은 왜 내 인사를 안 받지? 나 무시한 거야?', '아냐, 못 봤을 거야', '어떻게 못 볼 수가 있어. 바로 코앞에서 인사를 했는데. 아, 이거 열 받네. 자기가 도대체 뭐야? 쟤 좀 이상해. 나 말리지 마!', '참아! 바쁜 일이 있나 보지. 급하게 가잖아', '그런가? 아무튼 다음에 그러면 가만 안 둬', '다음에 그래도 또 가만있을 거잖아', '음, 그건 그래. 하하하'. 우리는 이런 정신 나간 사람들과 한방에서 살고 있다.

머릿속 목소리는 신뢰하기 힘든 존재다. 다시 말하지만, 머릿속 목소리는 내가 아니다. 진짜 나는 머릿속 목소리를 관찰하는 의식이다. 좀 더 확실하게 하기 위해서 머릿속 목소리를 의인화해 보자.

머리에서 꺼내 내 옆자리에 앉히겠다. 나는 지금 책을 쓰고 있다. 옆에 있는 목소리 친구가 말한다. '네 책이 되겠냐? 그걸 사람들이 보겠어? 글을 써보기나 했어? 또 너는 멍청하잖아. 네 주제에 무슨 책이야? 이거 봐. 집중도 못 하네. 정신 차려. 이 바보야. 그리고 서론 본론 결론이 제대로 되긴 한 거야? 100% 망할 거야. 시간 낭비야.' 목소리 친구는 잔소리와 부정적인 말을 쏟아부었다. 이런 말을 듣고 나는 불안해졌다. 당신이라면 악담만 퍼붓는 이런 사람과 친구가 되고 싶은가? 그리고 근거 없이 모든 게 안 될 거라는 이 친구의 부정적인 판단을 내가 곧이곧대로 믿어야 할까?

당신이 영업을 하는데 중요한 계약 때문에 미팅이 있다고 가정하자. 언제나 그렇듯이 옆에는 목소리 친구도 함께 있다. 이 친구가 또 떠든다. '아, 나 배고파. 시간이 벌써 8분이나 지났는데 왜 안 와? 연락도 없고. 바람맞은 것 같은데? 저번에 1차 미팅 때 널 좀 껄끄럽게 대했잖아. 또 네가 나온다고 무시한 거 아냐? 전화해서 따져. 왜 안 오냐고? 이건 예의가 아니지? 열 받는데. 이런 식으로 나오면 계약 못 한다고 해. 왜 사람을 기다리게 만들어.' 그때 저 멀리서 상대편 계약자가 헐레벌떡 뛰어온다. 자동차 접촉 사고가 났는데 핸드폰 배터리도 없어서 무작정 차를 두고 뛰어왔다며 전화를 못 드려 죄송하다고 한다. 계약은 잘 성사됐다. 성과급을 두둑이 받을 것 같다. 옆에 앉은 목소리 친구가 말한다. '축하해. 잘했어.' 이 목소리 친구가 과연 신뢰할 만한가? 좀 전까지는 당신을 무시했다느니 계약하지 말라느니 해놓고, 계약이 잘 되니 바로 태세 전환하여 축하한다고 한다. 당신은 그 말에 계약할 수 없을 것 같아 초조하며 불안했고, 무시당하는 것 같아 우울했고, 불쾌했고 화까지 났다. 계약이고 뭐고 기분 나빠서 돌아갔거나, 상대방이 오자마자 다짜고짜 계약을 파기하자고 했다면 어떻게 됐을까? 이 목소리 친구는 한두 번이 아니라 정말 자주 틀린다. 변죽도 좋다. 아무렇지도 않게 자신 있게 또 틀린다. 더 신기한 건 그럼에도 당신은 이 목소리 친구를 매일 신뢰하고 있다. 당신이라면 정말 이런 사람과 사업 파트너로 함께 일하고 싶은가?

목소리 친구를 분리해 놓고 보니 뭔가 이상하지 않은가? 당신은 신뢰할 수 없는 목소리 친구가 하자는 대로 하고 산다. 당신 주위에 이런 사람이 있다면 아마도 절대로 친해지지 않았을 것이다. 그 누구도 자신을 비난하는 사람, 잘못된 정보와 예측을 주는 사람을 곁에 두고 싶어 하지 않는다. 하지만 정말 안타까운 건 우린 이 머릿속 친구를 없앨 수 없다. 이 친구는 시끄럽지만, 죽을 때까지 언제나 한방에 같이 사는 내 친구이다. 그동안 이 친구는 나와 동일시되었다. 이 친구가 나인 줄 알았다. 이 친구의 말은 신뢰할 만한 것이 별로 없었지만, 당신은 그 말대로 살았다. 이건 진짜 당신 삶이 아니다. 예민하고 불안하고 두렵고 우울하고 분노로 가득 찬 이 친구에게서 지금이라도 당신이 할 수 있는 일은 최대한 떨어져서 아무런 판단하지 않고 그저 관찰만 하는 것이다. 그게 당신이 참 자유를 얻는 길이다. 당신은 세상을 통제할 수 없다. 하지만 당신 마음은 통제할 수 있다. 판단하지 않고 의식적으로 관찰만 하면 된다. 그뿐이다. 그러면 세상이 마이클 싱어에게 했듯이 당신에게 좋은 것을 가져다 줄 것이다. 삶이 당신을 이끌어 준다.

불덩이를 내려놓기

부처님이 말했다. 당신이 누군가에게 분노하는 것은 불타고 있는 석탄을 손에 들고 있는 것이라고. 내려놓지 않으면 결국 당신 손이 다 불타 없어진다. 직장인들 사이에 유행하는 말이 있다. "그렇게 힘들면 내려놔", "어? 유 선생, 내려놨어? 얼굴이 좋아졌네". 뭘 내려놓으란 말인가? 불타는 석탄이다. 그것은 나를 분노하게 하고 우울하게 하고 불안하게 하는 사람이나 일 또는 생각을 말한다. 잡은 것을 내려놔야 내가 안전하다. 불나방이 불을 향해 뛰어드는 것처럼 많은 사람이 좋은 것을 들고 있는 것도 아닌데 그것을 내려놓지를 못한다.

마이클 싱어는 그의 또 다른 저서 《상처 받지 않는 영혼》에서 우리 몸에는 에너지가 있다고 말한다. 이 에너지를 동양에서는 '기'라고 하고 서양에서는 '영'이라고 한다. 가슴에 이 에너지의 근원이 있다. 화가 났을 때를 생각해 보면 머릿속 목소리가 강력한 부정적 에너지를 뿜으며 떠들어 댄다. 우울할 땐 에너지가 거의 차단된다. 우울함은 가장 위험한 상태다. 몸의 생기도 사라진다. 기운이 없다. 죽은 사람은 에너지가 없다. 부처님이나 예수님이 행색은 초라했지만, 그들의 몸에서는 광채가 났다고 한다. 후광, 오라aura라고 하는 바로 그 에너지이다.

에너지는 우리 몸에 무한대로 숨어있다. 언제나 마음대로 꺼내어 쓸 수 있다. 에너지가 있다면 아무리 나이가 많아도 어린아이와 같은 혈기를 가질 수 있다. 한 달 내내 일해도 지치지 않는다. 우울증이나 불안증이 있는 사람도 에너지가 가득 차면 즉시 낫는다. 몸속 에너지는 별다른 연료가 필요하지 않다. 태양이 모두에게 공평하게 주어지는 것처럼 우리 내면의 태양도 공평하게 주어진다. 태양과 다른 점이 있다면 우리 내부에서 이것을 닫을 수 있다. 닫으면 에너지의 흐름이 멈춘다. 에너지의 흐름이 멈추면 당신은 무한대였던 에너지를 마음대로 쓰지 못한다. 두려움과 우울함은 당신의 에너지를 가둔다. 그리고 가슴을 닫아버린다.

나는 사람이 무서웠기 때문에 사람과 함께 있으면 두려움이 발동했다. 몸에 힘이 들어가고 나도 모르게 숨을 참았다. 그와 동시에 내 가슴속에 에너지가 서서히 줄어들었다. 누군가와 단둘이 있어야 하는 상황이면 더욱 악화되었다. 에너지를 완전히 닫는다. 그럼 어색한 상태가 시작된다. 좋은 관계가 유지되기보다는 불편하고 거리감 있는 관계가 형성되었다. 군대에 갔다 온 이후로 사람들은 나에게서 거리감을 느낀다는 말을 자주 했다. 에너지를 닫았기 때문에 소통도 단절됐다. 에너지의 단절이 쌓이면 우울증이 된다. 아마도 우울증이 있는 사람, 불안증이 있는 사람은 에너지가 어떤 건지 모르더라도 가슴의 문이 닫히는 느낌은 알 것이다.

가슴에서 에너지가 나오게 하는 방법은 내려놓으면 된다. 내려놓고 모든 것을 있는 그대로 받아들이면 된다. 두려운 일이 생기면 두려움을 알아차리고, 그것에 대해 판단하지 않고 있는 그대로 수용하고 내려놓는다. 사실 두려움은 이미 판단에서 나왔다. 재앙화 사고가 발동해서 두려운 일이 생길 수 있다고 판단한 것이다. 그럴 수 있다고 수용하고 내려놓는다. 가슴을 열고 이완시키면 된다. 무섭다고 움츠러들며 가슴 문을 닫는 게 아니라, 무서우면 무서운 대로 두려움을 직면하겠다고 다짐하며 가슴을 여는 것이다.

당신이 의식하지 않으면 에너지는 당신 머릿속 목소리에 의해 알아서 닫히고 열린다. 과거에 당신이 어떤 일에 대해 두려운 경험을 했다는 인식이 있으면 에너지가 닫히고, 긍정적인 경험을 했다는 인식이 있으면 에너지가 열린다. 어린 시절 우리 가족은 여름이면 강가에 놀러 갔다. 물놀이하는 게 신이 났었고 특히 야외에서 끓여 먹던 라면은 일품이었다. 나는 강가에 가면 긍정적인 느낌이 들면서 가슴이 열린다. 에너지가 나온다. 강에 빠졌던 기억이 있는 사람, 그래서 그것이 무서워서 그 이후로 강가에 잘 안 가는 사람은 강가를 생각하면 가슴이 닫힌다. 에너지가 막힌다. 머릿속 목소리가 떠들 때 동요되거나 동조하면 에너지가 막힌다. 신뢰할 수 없는 머릿속 목소리에게 당신 인생의 주인 자리를 내어주지 말라.

  우리는 매일 엄청나게 많은 경험을 한다. 우리는 모든 정보를 마음속에 담지 않는다. 정신적 여과 오류에서 말한 대로 우리 가슴 속에는 특정한 정보만 걸러내는 필터가 있다. 당신에게 상처가 됐던 일들은 고스란히 필터에 걸러져 무의식의 창고에 남는다. 이 필터는 매번 상처가 됐던 같은 일을 걸러내면서 당신 무의식에 점점 쌓인다. 그리고 동맥에 콜레스테롤이 쌓여서 혈관이 좁아지는 동맥경화처럼 당신 내면에 걸림이 생긴다. 에너지가 통과되지 못한다. 상처 비슷한 일만 일어나면 머릿속 목소리가 여과 장치를 지나가려고 비명을 지르고 난리를 친다. 음식을 먹고 소화가 안 되면 체하고 몸이 아프다. 에너지도 걸림이 생기면 우리의 마음이 아프다. 심인성 질환이라고 하는 각종 질환으로 나타나기도 한다.

  예전에 새로 취임하신 교장 선생님과 크게 갈등이 있었다. 연기과 학생들의 수업료가 비싸니 공연을 줄이고, 교사들의 수업을 최소화하라고 했다. 예고는 특목고로서 연기과에만 강사가 22명이고 전일제 강사가 두 명, 정교사는 두 명이다. 교사인 나의 수업량을 줄이고 강사 관리를 하라고 했다. 그래서 교사의 방과 후 수업료를 100만 원 미만으로 받을 수 있게 줄이라고 하셨다. 실기과 선생님들이 돈을 많이 버는 것에 다른 선생님들이 질투하신다는 말씀도 덧붙였다.

  내 생각은 달랐다. 학생들을 지도해 본 결과 학생들의 연기 실력을 가장 많이 성장시키는 게 공연이었다. 나 역시 공연의 단점을 알고 있다. 공연은 주인공에게 비중이 치우쳐져 있다. 주인공이 아닌 학생들에게는 배움의 시간이 적게 돌아간다. 그래서 작품을 선정할 때 역할별로 비중이 비슷한 작품을 고르거나, 비중이 적은 역할은 1인 2역을 맡아서 기회를 균등하게 주려고 노력했다. 공연 외에도 수업을 줄인다는 것은 대입에 큰 어려움이 따를 수 있는 선택이라고 말씀드렸다. 그리고 나는 능력을 인정받은 교사인데 왜 유능한 교사의 수업을 줄이라고 하시냐고 푸념을 늘어놨다. 학과의 사정을 모르시고, 고충을 묻지도 않으시고 일방적으로 모두 줄이라는 말씀에 화가 나서 언성이 높아졌다. 교장 선생님도 화가 나셨다.

"유 선생은 인정받는 교사고, 나머지 강사들은 능력이 없다는 얘기야?"

"나머지 강사들이 능력이 없다는 얘기가 아니라 제가 능력을 인정받은 사람이라는 거죠."

"누가 그래. 유 선생의 능력을 누가 인정해 준 거야?"

"저를 이 학교에 뽑아주신 이사장님, 이사님들, 이전 교장 선생님이죠. 교직 필기시험, 논술, 수업 시연, 면접에 이르기까지 어려운 시험에 정교사로 합격해서 그동안 학과 잘 관리하고 대입, 고입 모두 잘 해왔다고 생각합니다."

"……."

기분이 매우 안 좋았다. 그리고 한편으론 입바른 소릴 했다는 것에 통쾌했다. 말을 참 잘했다는 생각이 들었다. 그리고 반복적으로 교장 선생님을 내 머릿속 목소리가 소환해서 그날의 필름을 반복적으로 돌렸다. 돌리면 돌릴수록 통쾌함과 함께 교장 선생님에 대한 화는 커졌다. 교장 선생님을 볼 때마다 화가 났다. 수업 시간을 줄이라고 하셨으니 우선 교사 두 명의 시수를 줄이기 위해 강사를 더 뽑겠다고 말씀드렸다. 진행되는 과정 내내 이렇게 학과를 운영하면 안 된다고 생각했다. 마음속에 불타는 석탄은 점점 커졌고 나는 그 것을 내려놓지 못했다. 결국 대상포진에 걸렸다. 고통스러웠다. 수 개월을 고생하고서야 내가 석탄을 들고 있다는 사실을 눈치채고 내려놨다.

내려놓으면 시원하게 소화가 된다. 기어코 붙잡고 있으면 저항이 생기고 걸림이 되어 체한다. 인도에서는 이렇게 저항으로 인해 정리되지 못한 에너지 패턴을 '삼스카라'라고 부른다. 막힘이다. 우리를 화나게 하는 모든 게 삼스카라다. 우리를 우울하게 하는 모든 게 삼스카라다. 우리를 두렵게 하는 모든 게 삼스카라다. 당신이 내려놓지 못하고 붙잡고 있어 오도 가도 못하는 정체된 에너지다. 계속 저항하고 막히고 쌓이다 보면 에너지가 점점 커져서 에너지의 흐름을 막아버린다. 그러면 우리의 내면에 칠흑 같은 어둠이 찾아온다. 당신이 세상에 태어난 이후부터 지금까지 당신을 지나가지 못한 모든 것은 사라진 게 아니라 당신 안에 남아있다. 삼스카라라는 상처받은 내면 아이가 당신의 내면에 있다.

힘을 빼고 내려놓자. 당신을 위해서라도 내려놓자. 이 세상에 당신의 가슴을 닫을만한 중요한 일은 없다. 도망가거나 회피하지 말자. 도망가는 것이 가슴을 닫는 일이다. 모든 판단을 내려놓자. 그리고 기꺼이 그것을 마주하자. 힘을 빼고 내려놓는 것에 있어서만큼은 어떤 수단을 써서라도 해내고야 말 것이라고 굳게 다짐하자. 올 테면 오라고 말하자. 절대 가짜 생각 때문에 당신의 가슴을 닫지 않겠다고 말하자.

심지어 좋다는 판단도 내려놓자. 머릿속 목소리가 좋다고 떠든다고 좋은 에너지가 나오고 나쁘다고 말한다고 에너지가 닫히게 하지 말라. 당신의 가치관이라고 생각했던 것도 내려놓을 것을 다짐하자. 당신의 삶을 사랑한다면 어린아이처럼 세상 모든 것에 마음을 열고 기꺼이 받아들이자. 어떤 누구에게도 당신의 허락 없이 당신의 에너지를 닫을 수 없게 하겠다고 다짐하자. 그러면 그때부터 내면에 에너지가 나오기 시작한다. 내려놔야 막힌 것이 흘러가고 숨겨진 에너지가 나올 자리가 생긴다. 언제나 모든 상황을 존중하고 받아들이자. 그럴수록 더 많은 에너지가 흘러나온다. 이 세상에서 가장 중요한 게 무엇일까? 당신 가슴 속 에너지다. 두려운 일, 슬픈 일, 분노하는 일을 계속 잡고 있지 말자. 잡은 것은 당신이 원하는 것이 아니다. 그럼 그냥 내려놓으면 된다. 빨리 내려놓을수록 고요함을 얻을 수 있다. 지금 당장 불타는 석탄을 내려놓자.

행복을 위해 원하는 것에 집중하기

～～～～～ 원하는 것에 집중하지 않으면 원치 않는 것에 집중을 빼앗기게 된다. 무서운 말이다. 하지만 정확한 말이다. 우리를 움직이는 것은 무의식이다. 프로그래밍이 된 대로 당신도 모르게 무의식에 끌려가게 된다. 원하는 목표를 설정하고 원하는 것에 의식을 집중해야 한다. 당신 머릿속 목소리는 무의식에 저장된 경험들에 의해서 나온다. 무의식은 무한한 잠재 능력을 갖추고 있다. 하지만 무의식에는 당신이 원하지 않는 가짜 생각들도 가득하다. 부정적 핵심 신념도 무의식에 있다. 자동적 사고도 무의식에서 올라온다. 당신을 고통스럽고 힘들게 만든 것도 부정적인 에너지가 무의식에 모두 담겨있기 때문이다. 의식을 모아서 원하는 것에 집중하지 않으면 머릿속 목소리에 당신의 운명을 맡기고 그를 따라가게 된다. 당신이 주인이 되는 길은 참나인 의식이 머릿속 목소리를 관찰하고 원하는 것에 집중을 유지하는 것이다.

명상의 시작과 끝은 당신이 원하는 것에 집중하기이다. 당신의 호흡이든, 생각이든, 공부나 연구 주제, 그 외 다른 감각이든 원하는 하나를 잡는다. 나는 주로 호흡에 집중한다. 일상 명상을 할 때는 감각에 집중한다. 컴퓨터 자판을 치고 있으면 자판 치는 것에 집중한다. 걸을 때는 발의 감각이나 볼을 스치는 바람과 같은 감각에 집중한다. 말할 때는 내 배나 입술, 뒷목에 집중한다. 감정 해소도 내가 원하는 것이다. 사람들을 만나면서 느껴지는 두렵고, 죄스럽고, 수치스럽고, 부럽고, 불안하고, 화가 나고 우울한 감정을 있는 그대로 느끼며 해소한다. 감정을 그대로 느껴줄 때만 여과 장치를 통과할 수 있다. 나는 나를 있는 그대로 사랑하길 원한다. 그러기 위해 항상 현재 이 순간에 머물기를 원한다.

당신이 정말 원하는 건 무엇인가? 진정 무엇을 원하는지 아는가? 모르는 경우가 더 많다. 돈을 많이 버는 것, 좋은 차를 갖는 것, 으리으리한 집에서 사는 것, 인플루언서가 되는 것, 좋은 친구들이 많은 것, 사람들 앞에서 말을 잘하는 것, 발표를 잘하는 것…. 이것들이 당신이 진짜 원하는 것일까? 그럴 수 있다. 하지만 그렇지 않을 수도 있다.

진짜 원하는 것을 찾는 방법은 진짜 원하는 게 무엇인지 계속 물어보는 것이다. 나는 남자다워지고 싶었고, 좋은 차를 타고 싶었고, 좋은 집을 갖고 싶었다. 이것이 내가 진짜 원하는 것인지, 무엇 때문에 이것을 원하는지 양파를 까듯이 파고 들어가 보자. 생각 바꾸기 작업 기억하는가? 왜 이것을 원하는지 계속 물어보자. 그게 왜 필요한지 물어보자.

어떤 차가 타고 싶어? | 벤츠 S550 | 왜 벤츠 S550을 타고 싶어?
| 멋있잖아. | 멋있는 차가 있으면 뭐해? | 뭐하냐니? 생각만 해
도 좋아. 무선 키로 벤츠 S550 문을 열고 내 몸에 맞춘 메모리 시
트에 앉아 멋지게 출근하는 거야. 최신식 좋잖아. 만족스러워. 쾌
적하고, 편하잖아. | 그게 왜 좋은 것 같아? | 왜냐니? 누구나 좋
아하는 거 아냐? 비싼 차에 삐까뻔쩍하고. | 인정받고 싶은 거구
나? | 내가? 아니. 그냥 좋은 차는 누구나 갖고 싶어 하잖아? 이
거 자기만족이야! | 그래? 네가 앞으로 평생을 무인도에 살아야
한다면 그 차를 그토록 원할까? 도로가 있어서 그 차를 탈 수 있
다면 말이야. | 무인도에 평생? | 응. | 평생 혼자 무인도에… 갑
자기 관심도가 떨어지는데? 그래도 안 좋은 차보다는 좋은 차가
좋지. | 관심도가 떨어지는 게 누군가 봐줄 사람이 없기 때문인
거 아냐? | 아… 그런가? 좀 그런 것 같긴 해. 좋은 차를 타고 마
트를 가도 마트에서 내릴 때 사람들이 쳐다보면 기분 좋을 것 같
거든. | 지금 차는 뭔데? | 구형 그랜저. | 그 차에서 내릴 때 아는
사람들이 많으면 어때? | 음. 좀 창피해. 외관에 녹슨 부분도 있
거든. 중고차를 샀는데 페인트로 녹슨 부분을 가렸었나 봐. 얼마
안 가서 녹슨 부분이 드러나더라고. 또 누군가를 내 차에 태울 때
도 녹슨 부분들이 신경 쓰여. | 그럼 어떤 느낌이 들어? | 응, 수

치심? 내 차처럼 내가 고물로 느껴지고 뭔가 초라하게 느껴져. |
다른 사람이 좋은 외제 차에서 내리면 어떤 감정이 들어? | 부럽
지. 능력 있어 보여. 이렇게 말하다 보니 난 질투심이 적은 줄 알
았는데 질투심이 많은 것 같아. 나도 저런 차를 타고 싶다는 생
각이 들고. 가끔은 세상이 원망스러워서 화도 나. 왜 나만 가난
하지? 이런 생각이 들어. 그래서 좀 우울하기도 해. | 자, 이제 네
차가 벤츠 S550이야. 벤츠에서 내리는데 아는 사람이 있으면 어
때? | 기분 좋지. 당당할 것 같아. 아는 사람이 많을수록 좋아. |
왜 그랜저를 타면 부끄럽고 벤츠를 타면 당당하지? | 벤츠는 있
어 보이잖아. 능력 있어야 타니까. | 그럼, 구형 그랜저는 무능력
해 보일까 봐 두렵다는 거니? | 음… 솔직히 없어 보이지. 가난해
보이고. 능력 없어 보이지. | 능력 없어 보이면 어떻게 되는데? |
음… 글쎄 뭐… 무시당하거나 얕잡아보거나 동정받거나 아니면
꼭 그렇진 않더라도 별 관심을 못 받을 수도 있겠지? | 다시 말하
면, 벤츠가 있다는 것은 사람들이 너를 능력 있게 보면서 무시하
지 않고 또 누군가는 너를 부러워하고 너에게 관심을 두고 좋아
해 준다고 생각하는 거네. | 응. 나를 대단하게 보겠지. | 그 말은
사람들이 너를 인정해 주길 원하는 것 같은데? | 음… 맞아. 나도
그렇게는 생각 안 해봤는데, 나는 능력을 인정받고 싶어. | 왜? |
날 인정한다는 건 사람들이 나한테 좋은 감정을 갖는 거잖아. 누
군가가 나에게 호감을 준다면 좋잖아. 그리고 난 어릴 때 사랑을
많이 못 받았거든. 가난하고, 냄새나고, 질투심 많고, 이기적이고.

사람들은 날 좋아하지 않았어. 부모님께 맞거나 거부당한 기억도 많았고. 쓸모없는 존재 같다고 많이 느꼈어. 버림받는 느낌이랄까? 그래서 사람들이 날 싫어할 것 같은 모습은 숨기고 살았어. 가식의 가면을 쓴 거지. 그러니 항상 거짓말하는 것 같은 느낌이 들어 수치심이 드는 거야. 내 진짜 모습을 사람들이 알면 날 싫어할 테니까. | 그럼, 네가 진짜 원하는 건 뭔데? | 아마도 사람들이 나를 좋은 사람으로 봐주는 것, 멋진 사람으로 봐주는 것, 괜찮은 사람으로 봐주는 거야. 결국 인정받고 사랑받고 싶은 것 같아. 최소한 나를 미워하지 않는 것. 아냐, 나를 좋아해 주는 것. 관심이 부담스럽긴 하지만 가끔 내가 없는 사람 취급받을 때는 버림받은 느낌이 확 들거든. 그러니 관심과 사랑을 받는 것. 내가 원하는 건 인정받기와 사랑받기인가 봐. 나도 잘 몰랐어.

인간은 누구나 사랑받고 싶어 하고 인정받고 싶어 한다. 이것이 인정욕구다. 나를 둘러싼 양파의 가장 깊은 곳에 거부당하고 싶지 않은 마음, 버림받고 싶지 않은 마음, 무시당하고 싶지 않은 마음이 있었다. 이 모두를 아우르는 것이 바로 사랑받고 싶은 마음이다. 사람들이 나를 사랑해줘야 하는데 내가 못생겼다거나, 발표를 못 한다거나, 지루하거나, 가난하다거나, 무능력하다거나, 멍청하다거나, 연약하다면 사람들에게 거부당하거나, 무시당하거나, 뒤에서 나에 대해 쑥덕댈 것이라 생각했다. 사람들이 나를 별로라고 생각하는 게 두려웠다. 무시당하는 느낌, 수치스러운 느낌이 두려웠다. 초라하게 느껴지는 게 두려웠다. 그래서 나를 좋은 사람으로 봐주길 원했다. 그래야 내가 사랑받을 테니까. 이제 원하는 것을 찾았다. 내가 원하는 것은 사랑받는 것이다.

여기서 잠깐, 인지 오류에 대해서 잠시 이야기해 보자. 좋은 집이 있고 좋은 차가 있어야 사랑받는다는 생각은 오류가 있는 생각이다. 흑백논리적인 사고다. 돈이 있으면 사랑받고 돈이 없으면 사랑받지 못한다고 생각하는 것이다. 돈이 있어도 사람들의 온갖 미움을 사고, 괴로움에 자살하는 사람이 있다. 돈이 있으면 좋겠지만 그것이 꼭 사랑받는 절대 조건이 아니다. 돈이 있어야만 사랑받는다고 생각하면 돈이 있어도 사랑받지 못한다. 내 마음이 바뀌지 않는한 외부 조건을 바꾼다고 해도 결코 달라지는 것은 없다.

'다른 사람에게 사랑받고 싶다'라는 새로 찾은 생각도 완벽주의적인 사고다. 이 생각의 숨겨진 뜻 안에는 모든 사람이라는 절대적인 기준이 포함되어 있다. 모두에게 사랑받는다는 것은 불가능하다. 그리고 다른 사람에게 사랑받는다는 것은 내 맘대로 되는 일이 아니다. 내가 할 수 있는 영역이 아니다. 사랑받으면 좋지만, 모두가 날 사랑할 수는 없다. 그래서 다른 사람에게 사랑받기와 같은 가치는 언제나 나를 힘들게 한다. 내가 남들에게 사랑받는 것보다 더 쉬운 방법이 있다. 내가 나를 사랑하면 된다. 내 안에 자체적으로 발광하는 사랑의 에너지가 충만하면 이 빛과 에너지가 내 몸에서 주체할 수 없이 흘러나와 다른 사람에게 전해진다.

남에게 사랑받아야만 된다는 생각은 머릿속 목소리의 생각이다. 참나는 사랑이다. 나와 당신은 사랑 자체다. 예수님은 사랑이다. 부처님도 사랑이다. 이 개념을 당신이 온전히 이해했으면 좋겠다. 잘 몰라도 때가 되면 당신이 사랑이라는 것을 알게 될 것이다. 우리는 스스로 에너지를 가지고 있다. 머릿속 목소리는 외부에 에너지가 있다고 생각한다. 남에게 사랑을 받고 인정받아야 에너지를 채울 수 있다고 생각한다. 머릿속 목소리는 남들과 비교하고 우울하고 분노와 두려움에 차 있다. 사랑받기 위해 안달한다. 외부 조건만 채워지면 내부 에너지가 좋아질 것으로 생각한다. 하지만 외부 조건이 채워져도 머릿속 목소리는 얼마 지나지 않아 하나가 더 필요하다고 말한다. 항상 부족하고 항상 비교하고 항상 욕심에 차 있다.

자, 그럼 아주 중요한 '나를 사랑하는 방법'에 관해서 이야기해 보자. 나를 사랑하는 방법은 있는 그대로 나를 온전히 수용하는 것이다. 있는 그대로 나를 온전히 나로서 바꾸려 하지 않는다. 좋은 면은 따로 사랑하려 하지 않아도 저절로 된다. 우리가 신경 써야 할 부분은 내가 싫어하는 모습도 나의 일부분으로 받아들이고 기꺼이 수용하는 것이다.

싫어하는 당신의 모습을 외면하면 내면의 걸림이 된다. 걸림을 해소하지 않으면 계속 남아서 당신을 사랑할 수 없게 된다. 당신의 외모가 맘에 안 든다고 생각하면서 당신을 온전히 사랑할 수는 없다. 외모에 대한 저항만 거세진다. 당신은 늙어서 주름이 생기고 외모는 더 맘에 안 들 것이다. 시간이 지날수록 저항은 더 거세진다. 내면의 걸림은 맘에 안 드는 외모에 집중하게 만들어 당신을 더욱 싫어하게 만든다.

진정한 자기 사랑은 이런 것이다. 외모가 못생겼다는 생각 때문에 불쾌한 감정이 올라왔다면 못생겼다고 생각하는 당신 생각의 일부를 그대로 수용한다. '아, 내 머릿속 목소리는 내 외모가 못생겼다고 생각하는구나. 외모가 못생겨서 괴로워하는구나. 아, 굉장히 스트레스받는구나. 음. 지금 굉장히 불쾌해하고 있어.' 있는 그대로 느낀다. 충분히 힘을 빼고 내려놓고 기꺼이 느낀다. 불편하겠지만 계속해서 느껴준다. '아, 불쾌해하는구나. 음. 그래. 수치스러워하고 있어.' 그래야 걸림이 사라진다. 많이 느끼면 느낄수록 더 많은 정신적 여과 장치가 당신 몸에서 흘러 나간다. 그리고 그 자리에 동맥경화처럼 막혀 있던 에너지가 흘러나오기 시작한다. 그 에너지는 사랑의 에너지다. 책《하루의 사랑작업》을 쓴 김설아 작가는 한발 더 나아가 세상에서는 존재하지 않을 법한 부모가 되어 자신을 위로해주라고 한다. '그래. 괴롭구나. 그래. 그럴 수 있어. 괴로울 수 있어. 얼마나 힘드니. 그렇게 생각할 수 있어. 그럼. 다 그럴만한 이유가 있는 거야.' 김설아 작가도 자기혐오가 심했지만, 매일 수행하듯 자기를 청소하며 영적 성장을 이루고 있는 귀엽고 멋진 사람이다.

한 가지 더 예를 들어보자. 나약하고 연약한 당신이 싫다면 당신의 연약한 모습이 보일까 두려운 상황에서 온전히 가슴을 열고 힘을 빼고 기꺼이 감정을 받아들인다. 머릿속 목소리가 '안 돼. 도망

가. 최악이야. 나를 이상하게 볼 거야. 수치스러워. 무서워. 그만해. 제발. 큰일이야. 망했어. 제발. 진짜 위험해'라고 마구 떠들면서 고통스러운 감정을 내뿜는다. 그건 당신이 아니다. 가슴에 막힌 게 클수록 고통스럽다. 끔찍하게 고통스럽고 괴롭다. 당신 안에 박혀있는 이 유리 조각들을 빼내려면 이런 고통은 대수롭지 않게 여겨야 한다. 그저 지켜봐라. '내 생각의 일부가 두렵다고 느끼고 있구나. 도망가길 원하는구나. 최악이라고 생각하고 있구나'라고 지긋이 바라보라. 이게 무의식을 깨끗이 청소하고 감정을 정화하고 걸림과 저항을 해소하는 방법이다. 그래야 진짜 당신을 사랑할 수 있다. 참 쉬운 방법이다.

나는 사랑받기 위해 잘 생겨 보이려고 했고, 사랑받기 위해 머리가 좋은 척하려 했고, 사랑받기 위해 무진 애썼다. 이것은 모두 조건을 단 사랑이었다. 모든 조건을 만족시킬 수 없을뿐더러 조건이 사라지면 새로운 조건을 찾아 애써야 한다. 우리는 모두 사랑을 받고 싶어 하지만 외부에서 조건을 찾으면 언제나 결핍감을 맛본다. 조건 없이 나를 사랑할 수 있다. 나를 온전히 인정하고 수용하고 좋아해 주는 것이다. 나를 좋아하는 거다. 이게 핵심이다. 지금의 당신을 좋아하기 어렵다는 생각이 든다면 그 생각도 인정하자. '난 못생겼다고 생각하는구나. 나는 나를 좋아해 주기 싫다고 생각하는구나.' 이 모든 것도 모든 생각도 인정하자. 사랑받는 방법은 인정하기 게임이다.

'떨리는 게 싫어. 이걸 고쳐야 해'라는 생각이 있으면 당신의 일부를 거부하는 것이다. 당신의 일부에 문제가 있다고 보는 것이다. 이것은 저항이다. 이것은 나를 사랑하는 게 아니다. 나를 있는 그대로 인정한다는 것은 떠는 나를 나의 일부로, 있는 그대로 인정해 주는 것이다. 말로만 인정하고 수용하는 게 아니라 떠는 나를 '문제없음'으로 바라보는 것이다. 그동안 문제라 여겨지고 당신이 싫어했던 당신의 모습을 더 이상 문제로 받아들이지 말고 기회로 여기자. 부정적인 감정이 올라온다면 내보내 줄 기회가 찾아왔다고 고통을 기쁘게 맞이하자. 사디스트처럼 이 고통을 즐겨보자. 내 안에 막힘을 뚫어줄 기회다. 나를 자유롭게 해줄 기회다. 다른 사람의 사랑에 구걸하는 것이 아니라, 내가 나를 온전히 사랑해 줄 수 있는 기회다. 온전히 가슴을 열고 이완시키고 받아들여라. 내 무의식, 내면의 청소가 이뤄지고 양파의 껍질이 벗겨지면 당신은 에너지가 충만한 참나에 가까운 상태가 된다.

당신이 꿈꾸는 삶은 어떤 것인가? 당신이 진짜 원하는 것이 무엇인지 생각해 보자. 나는 영적 성장이 삶의 목표다. 여전히 나약하고 불안하고 두렵지만, 이 목표로 인해 내 삶이 점점 평화로워지고 고요해지고 나를 점점 더 사랑하게 된다. 진정 나를 위한 목표가 참 좋다. 그래서 나를 관찰하는 것과 내면 공부에 집중한다. 오늘, 이 순간부터 어쩌면 우리는 함께 공동의 목표를 꿈꿀지도 모른다. 매일매일 외부 조건들에 의해 행동하기보다 우리의 영적 성장을 위해, 우리 자신을 더 좋아하기 위해 수련을 하는 삶. 당신 내부에 쌓인 걸림은 알아차리고 그것에 대해서 판단하지 않고 매일 수용해 주며 내려놓고 흘려보내 주는 것. 어떠한 상황에도 힘을 빼고 가슴을 열고 이완시키는 삶. 조건 없는 사랑을 매일 스스로 실천하며 진정으로 자유로움을 체험하고 느껴보자. 혹시 아는가? 마이클 싱어처럼 당신도 전용 비행기를 가진 사업가가 될지!

모든 게 개성이다

2002년 4월, 아니타 무르자니는 임파선암에 걸렸다는 판정을 받았다. 4년 뒤에는 악성 세포가 온몸에 퍼졌다. 2006년 2월 2일, 신체의 모든 기능이 멈추며 혼수상태에 빠졌다. 의학적으로 아니타는 30시간 동안 죽어있다 깨어났다. 더 놀라운 것은 임사 체험 후 35일 만에 몸에서 암세포가 완전히 사라져 완치 판정을 받았다. 이 기적적인 치유와 임사 체험의 과정이 병원 기록에 고스란히 남아있다.

30시간의 혼수상태에서도 그녀의 의식은 또렷했다. 병원 안은 물론 병원 밖에서 일어나는 일까지도 알 수 있었다. 그러다 생전에 경험해 보지 못한 사랑의 황홀감과 평화로움을 느꼈다. 그리고 자신을 비롯한 우리 모두가 하나의 근원에서 시작되는 사랑이라는 것을 깨달았다고 말한다.

그녀는 자신의 저서《그리고 모든 것이 변했다》에서 자기 자신을 먼저 사랑하라고 말한다. 우린 앞에서 자신을 사랑하는 방법에 대해 배웠다. 자기를 사랑하는 법을 모르는 사람들은 자신을 사랑하라고 하면 '난 잘생겨서 좋아. 나는 멋있어. 내가 너무 사랑스러워. 난 너무 착해'라고 마음에도 없는 소리를 한다. 이는 자신을 사랑하는 것이 아니라 자신을 속이는 것이다. 예쁘다고 느끼지 않으면서 예쁘다고 하거나, 초라하고 보잘것없다고 느끼는 자신에게 사랑스럽다고 말하는 것은 거짓말이다. 진짜 자기 사랑은 추하고 더럽다고 생각하는 자신의 일부마저 온전히 수용하는 것, 이것이 진정한 자기 사랑이다.

아니타 무르자니는 임사 체험에서 많은 깨달음을 얻었다. 그중 삶에서 추구해야 할 유일한 목적은 나답게 살아가는 것이었다. 오직 진정한 자기 자신이 되는 것이다. 있는 그대로의 나를 사랑하며 살아가는 것이다. 우리는 화장하듯 매일 가면을 쓰기 바쁘다. 너무 오래 가면을 써서 왜 쓰는지도 잊었다. 온전한 당신으로 있으면 사람들에게 거부당하고 버림받고 외면당할 것이기에, 가식이란 가면으로 당신을 포장하기 시작했다. 어린 시절 가면을 써야 칭찬받았던 경험이 있을 것이다. 동생을 보살피고 싶지 않지만, 보살피면 착한 아이라고 칭찬을 받는다. 공부를 하고 싶지 않지만, 좋은 성적을 받아야 말 잘 듣고 똑똑한 아이라 인정을 받는다. 미소를 띠고 친절하면 좋은 사람이라는 평가를 받는다. 당신은 그렇게 가면을 쓰는 법을 배웠다. 사람들은 있는 그대로의 당신을 인정해 주지 않았고 그런 당신은 사람들의 사랑과 인정을 받기 위해 마음에도 없는 친절의 가면, 사랑의 가면, 배려의 가면, 나눔의 가면, 유식의 가면을 썼다. 모두 좋은 가치이고 더불어 살기에 좋은 규칙들이다.

문제는 가면을 오래 쓰고 있다 보니 가면 그 자체가 되어버렸다. 나쁘다고 생각되는 반대 극에 있는 것들이 마치 내면에 없는 것처럼 착각하기 시작했다. 자기 안에는 그것이 없는 것처럼 행동하기 시작했다. 가끔 내면에서 그것이 느껴지면 죄책감과 수치심을 느끼며 재빨리 회피하거나 숨겨버린다. 반대 극에 있는 가치를 보이는 사람을 만나면 매도하고 혐오하며 억압한다. 불안증이나 우울증 역시 많은 억압의 결과물이다. 억압받고 산 사람들은 억압하고 산다. 그 억압 속에서 당신의 개성이 드러날 수 있을까?

대부분의 사람은 자신을 온전히 수용하지 못한다. 이 세상 누구도 누군가에게 온전히 수용 받아본 경험이 없다. 그래서 참된 사랑을 사람들에게 나눠주지 못한다. 자신을 사랑하지 않는데 어찌 내 이웃을 내 몸과 같이 사랑할 수 있을까? 사람들은 자신에게 허용되지 못한 것들을 다른 사람에게도 허용하지 않는다. 당신이 가면을 써야만 했던 행동들, 당신이 인정받지 못한 행동들, 사랑받지 못한 행동들, 있는 그대로의 모습대로 존재하면 버림받을 수도 있다고 생각한 그 행동들은 온전히 수용 받은 경험이 없는 사람들과 함께 살고 있으므로 당연한 결과물이다.

가면을 벗는 방법은 하나다. 자신을 있는 그대로 수용하고 진짜 당신을 드러내는 것이다. 불편한 감정을 관찰하고 온전히 그 감정

안에 들어가 머무르는 것이다. 부정적인 감정이 빨리 사라지길 원하지 말라. 그건 마이클 싱어가 말한 마음속 밸브를 닫는 행위이다. 마음속 밸브를 항상 언제나 열어두자. 그래야 에너지가 나온다. 가슴을 열고 이완시키자. 그리고 모든 감정이 당신을 스쳐 지나가게 하자. 가시처럼 당신에게 걸려 빠져나가지 못하는 에너지가 있다면 그동안 당신이 가둬뒀던 감정임을 알아차리고 감정 안에 함께 있어보자. '힘들구나. 충분히 그럴 수 있어'라고 느껴주고 공감해 주고 어루만져 주며 열어두자.

당신의 싫은 면을 수용하지 않은 상태로 내면에 있는 토끼를 밖으로 드러내는 것은 용기라기보다는 학대에 가깝다. 너무 고통스러운 일이다. '떠는 것은 나에게서 없어져야 해'라고 생각하면서 떠는 모습을 드러내는 것은 고문이다. 싫은 면도 나만의 개성이라 여기고 온전히 수용하자. '나는 80억 지구인 중 유독 더 떠는 개성을 가지고 있어'라고 인정하고 받아들이자. 그것이 가면을 벗는 일이다. 목소리가 떨리는 것도 개성이다. 당신이 싫어하는 그 모습이 사실은 당신만의 고유함이다. 당신의 싫은 모습에 대하여 수정을 가하는 것보다 더 중요한 것은 있는 그대로의 당신으로 존재하기이다.

당신에게 벌어지는 모든 일은 지금 당신에게 필요한 것이기 때문에 당신에게 벌어지고 있다. 배움과 경험이다. 지금, 이 순간에 당신이 떤다고 앞으로 영원히 떤다는 걸 의미하지 않는다. 반복적으로 떠는 당신을 인정하면서 두려움에 직면하다 보면 이 감정이 지겨워지고 더 이상 흥분되지도 않는다. 그런 순간엔 떨림 없이 지겨워하는 개성이 있는 당신이 되는 것이다. 당신이 수용하면 매일 변한다. 변화하는 순간 속에서 항상 지금, 이 순간의 당신을 인정하며 존재하자. 매일 변화하는 당신을 새로운 개성으로 인정하고 받아들이면 삶이 새롭고 즐거운 놀이동산처럼 느껴진다. 오직 당신만이 할 수 있다.

더욱 솔직한 당신이 되는 것을 목표로 해보자. 세상이 만든 규칙과 평가, 좋은 사람 신드롬의 노예가 되지 말자. 조금 더 건방져도 괜찮다. 규칙, 당위 진술, 강박적인 부담이 줄어들수록 당신의 자유로움은 커진다. 더욱 온전히 당신을 사랑하고 드러내는 용기 있는 삶을 사는 것을 삶의 목표로 잡아보자. 그렇게 당신의 영적 성장을 이뤄보자. 두려움의 장막을 거둬내야 사랑을 볼 수 있다. 당신은 당신 자체로 끝없이 빛나는 사랑이란 에너지다. 두려움이 그걸 가리고 있을 뿐이다. 두려움 너머 자신의 개성을 드러낼수록 당신의 에너지는 더욱 밝게 빛난다.

당신을 사랑하는 것은 오로지 당신만이 할 수 있다. 부모님도 할 수 없다. 부부도 그럴 수 없다. 운명적인 사랑을 만났다고 해도 불가능하다. 타인에게 완전한 사랑을 기대하지 말라. 사람들이 강아지와 같은 반려동물을 좋아하는 이유는 어쩌면 가치판단 없이 자신을 있는 그대로 수용해 주는 존재이기 때문일 것이다. 당신은 존재 자체로 괜찮다. 당신에 대한 가치판단을 내려놓자. 왜 매일 그렇게 자신을 혼내는가? 왜 매일 그렇게 자신을 버리고 남의 편을 들어주는

가? 왜 매일 그렇게 자신을 가혹하게 대하나?

더 나은 세상을 만드는 방법도 여기서부터 시작한다. 자신의 참된 가치를 깨닫고 무조건적으로 자신을 사랑하는 것에 있다. 자신을 사랑하는 것이 이기적일 것이라고 생각하겠지만, 그렇지 않다. 예수님은 내 이웃을 내 몸과 같이 사랑하라고 말했다. 그리고 원수를 사랑하라고 했다. 그것이 가능하게 하려면 당신 자신을 가치판단 없이 온전히 사랑할 수 있어야 한다. 나에 대해 가치판단을 하지 않으면 상대에게도 가치판단을 하지 않는다. 모든 것이 당신의 마음속에서 지어낸 것이다. 인간은 모두 평등하고 동등한 존재다. 많이 들어 알고 있다. 그러나 당신은 모든 사람이 평등하고 존엄하다고 생각하는가? 모든 사람이 그 어떤 지위도 범접할 수 없는 높은 존엄성을 지니고 있다고 생각하는가? 그렇다고 생각할 것이다. 그럼 범죄자, 연예인, 거지, 사업가, 농부, 대통령, 노인, 스포츠 스타, 외국인 노동자, 술에 취해서 길거리에 쓰러져 주정 부리고 있는 아저씨, 당신을 열받게 하는 상사가 모두 같은 존재로 느껴지는가? 자신의 경제적인 처지나 능력, 관계를 토대로 보이지 않는 계급과 가치를 따지지는 않는가?

모든 것은 당신 마음에서 창조된다. 당신을 있는 그대로 사랑할 때 다른 사람을 온전히 사랑할 수 있다. 자신을 사랑해야 다른 사람들을 사랑할 수 있고 다른 사람이 당신을 사랑한다. 만인이 두려움에서 벗어나 자신 본연의 개성을 사랑할 수 있다면 모두가 가면이 아닌, 가식이 아닌 진심으로 서로 위하고 배려하고 봉사하고 아끼는 이상적인 유토피아가 만들어질 것이다. 당신을 사랑하려면 용기가 필요하다. 용토끼를 꺼내자. 있는 그대로 당신을 온전히 수용하는 것, 그것이 진정한 자기 초월이다!

고등학생 때 사후세계를 경험한 꿈을 꿨다. 거기서 만난 할아버지에게 나는 다시 살아 돌아가고 싶다고 말했다. 할아버지는 나에게 다시 살아 돌아갈 방법은 자신만의 색깔을 찾아야만 가능하다고 말했다. 나는 강렬한 노란 빛을 보면서 잠에서 깨어났다. 너무 생생했기에 다시 주어진 삶에 눈물이 흘렀다. 나만의 색깔이 무엇인지, 그것이 어떤 의미인지 당시에는 몰랐다. 지금 보니 개성이었다. 진정한 내가 되라는 것이었다. 자기만의 색깔은 다른 사람과 구별되는 특성이다. 자신만의 에너지 색이 드러날 수 있게 자신을 온전히 사랑해 보자. 형형색색 자신만의 아름다운 빛깔로 지구가 가득 채워져 빛난다면 얼마나 아름다울까?

—— 평온을 위한 기도
- 니홀라드 니버

제가 바꿀 수 없는 것은 수용하는 평온을 주시고
바꿀 수 있는 것은 바꾸는 용기를 주시고
이 둘의 차이를 알 수 있는 지혜를 주소서.

싫은 모습을 수정하기보다 중요한 것은
있는 그대로의 당신으로 존재하기이다.

불안으로부터 나를 지키는 자기 초월의 힘

가짜 생각이 불안이 되지 않게

초판 1쇄 인쇄 | 2024년 1월 23일
초판 1쇄 발행 | 2024년 2월 1일

지은이　　　| 유덕권
펴낸이　　　| 전준석
펴낸곳　　　| 시크릿하우스
주소　　　　| 서울특별시 마포구 독막로3길 51, 402호
대표전화　　| 02-6339-0117
팩스　　　　| 02-304-9122
이메일　　　| secret@jstone.biz
블로그　　　| blog.naver.com/jstone2018
페이스북　　| @secrethouse2018
인스타그램　| @secrethouse_book
출판등록　　| 2018년 10월 1일 제2019-000001호

ⓒ 유덕권, 2024
ISBN 979-11-92312-86-6 03180